国家级一流本科专业建设点配套教材

21世纪高等院校财经管理系列实用规划教材

生活中的经济学

主　编　谢　楠　曹虹剑
　　　　王宗润　姚文建
副主编　杨　梅　首陈霄
　　　　易　力　袁　礼
　　　　程　抗　曾姣艳

北京大学出版社
PEKING UNIVERSITY PRESS

内 容 简 介

本书基于经济学原理,从经济学视角解答来自熟悉环境中的各种问题,如经济学经典理论和前沿知识、经济问题分析的基本分析工具和方法、经济现象和经济事件的解析等。本书内容简单、有趣,具备严谨与易读的特点。本书共分 7 章内容,具体包括经济学十大原理、日常生活中的经济学、婚姻家庭中的经济学、职场中的经济学、投资理财中的经济学、民生保障中的经济学、国际交往中的经济学。

本书可作为高等学校经管类通识课教材,也可供社会人员阅读参考。

图书在版编目(CIP)数据

生活中的经济学 / 谢楠等主编. -- 北京:北京大学出版社,2024.3. -- (21 世纪高等院校财经管理系列实用规划教材). -- ISBN 978-7-301-35470-4

Ⅰ.F0

中国国家版本馆 CIP 数据核字第 2024VW9933 号

书 名	生活中的经济学 SHENGHUO ZHONG DE JINGJIXUE
著作责任者	谢 楠等 主编
策划编辑	王显超
责任编辑	王显超 翟 源
标准书号	ISBN 978-7-301-35470-4
出版发行	北京大学出版社
地 址	北京市海淀区成府路 205 号 100871
网 址	http://www.pup.cn 新浪微博:@北京大学出版社
电子邮箱	编辑部 pup6@pup.cn 总编室 zpup@pup.cn
电 话	邮购部 010-62752015 发行部 010-62750672 编辑部 010-62750667
印 刷 者	北京市科星印刷有限责任公司
经 销 者	新华书店
	787 毫米 ×1092 毫米 16 开本 11.25 印张 202 千字 2024 年 3 月第 1 版 2024 年 3 月第 1 次印刷
定 价	39.00 元

未经许可,不得以任何方式复制或抄袭本书之部分或全部内容。
版权所有,侵权必究
举报电话:010-62752024 电子邮箱:fd@pup.cn
图书如有印装质量问题,请与出版部联系,电话:010-62756370

前　言

经济学的奥妙之处在于它具有伟大的洞见性。经济学理论不仅适用于某个特定的时间和空间，还可作为观察世界的视角与解读公共政策的工具。而在特定的历史、政治和文化环境下，如何运用经济学理论，将经济学作为分析工具，解决来自熟悉环境中的各种问题，成为值得探究的事情。

自 2019 年湖南师范大学开设"生活中的经济学"课程以来，学生对该课程的喜爱给了编者前行的勇气。"经济学真有趣""考研我准备跨专业考经济类的专业""原来我身边的事件竟可以用经济学原理来解释""原来追女朋友都可以运用经济学原理"，学生在教学测评中的评语让编者感受到了作为"师者"的荣耀和自豪。学习经济学最好的办法是不断地发现新奇的问题，然后尝试给出一个能够说服自己，最好也能让别人信服的经济学角度的解释。经济学是一门基于经验和观察的学科，需要了解经济社会运行的规律。经济学理论本身并不会直接给出所有问题的正确答案，但作为通识学习的一部分，它为找到诸多重大问题的解决途径提供了关键线索。

国外已有许多著名的学者运用经济学原理解释他们所处时代、环境下的各类事件，但大多着眼于分析其所处国家和时代的风土人情、经济现象、时事政治。中国作为世界第二大经济体，世界经济的重要参与者，吸引了全世界的关注。中国人口规模庞大，精准扶贫政策使得大量的人口脱贫。中国经济社会进入速度变化、结构优化、动力转换的"新常态"，经济体制改革驰而不息。

本书对经济学的讨论风格就像是茶水间的闲谈——很随意。本书探讨"为什么连锁蛋糕店宁愿丢掉即将过期的商品也不低价销售？""为什么婚姻市场中大龄男性比大龄女性更有优势？""为什么员工工资采用年限薪资制？""为什么股票市场中投资者能靠信息赚钱？""为什么不建议廉租房配备独立厕所？""为什么政府要设置最低和最高限价？"等等现象和问题。希望本书能丰富人们的经济学词汇，这样大家在谈论某个判断与决策、某个新政策或是某个朋友的投资时，这些经济学词汇就能派上用场。本书揭示了人们的经济生活中所蕴含的丰富的经济学原理，本书的理论有助于我们了解在生活中能实现什么，在哪些方面需要一些助力，以及为什么需要这些助力。

本书并没有摒弃经济学经典理论，而是从经济学视角解释身边发生的热门事件，基于对经济学原理的反复使用，帮助解答来自熟悉环境中的各种问题，让读者发现日常生活中、婚姻家庭中、职场中、投资理财中、民生保障中、国际交往中蕴含的经济学逻辑，真正掌握"经济学家独特的思维方式"，体会到经济学之美，感受到经济学带来的乐趣。也希望通过本书，读者能建立对经济学分析的直觉，将经济学思维运用到诸多场景中，学会融会贯通，懂得探究世界诸多现象背后的深层次原因。

面对如此纷繁复杂的世界，本书尝试运用经济学原理和经济学分析工具探析其中的奥秘，但由于编者知识存量浅薄，无法穷尽这些社会现象的全貌，同时随着经济学理论的发展，对同一现象的解释也是动态的过程，因此案例标题具有分散性，答案也非唯一。在编写本书的过程中，编者参考和引用了大量国内外有关研究成果和文献，在此表示感谢。热烈欢迎广大读者通过邮件（xienan@hunnu.edu.cn）等形式对拙作提出斧正意见。

编者

2024 年 1 月

目　　录

经济学十大原理 ··· 1

    原理一　选择与稀缺 ··· 3
    原理二　机会成本 ·· 3
    原理三　边际量 ·· 4
    原理四　激励 ··· 4
    原理五　贸易与专业化分工 ·· 5
    原理六　市场 ··· 5
    原理七　政府 ··· 6
    原理八　生产率 ·· 7
    原理九　通货膨胀 ·· 7
    原理十　通货膨胀与失业 ··· 8
    关键概念 ·· 9
    思考题 ··· 10
    参考文献 ·· 11

日常生活中的经济学 ·· 13

    为什么住宅楼一般情况下最高只有 33 层？ ·································· 15
    为什么连锁蛋糕店宁愿丢掉即将过期的商品也不低价销售？ ········ 16
    为什么星巴克咖啡这类外来的商品在中国的售价远远高于本地？ ··· 17
    为什么越接近起飞时间机票的价格越贵？ ··································· 17
    为什么繁华商圈的停车费会更昂贵？ ·· 20
    为什么商场优惠活动总是以送代金券的形式而非直接降价？ ········ 21
    为什么超市总会选择鸡蛋等商品打折来吸引顾客？ ······················ 22
    为什么包邮促进了消费者的购买意愿？ ······································· 24
    为什么女性热衷于购买新口红？ ··· 25
    为什么年轻人追求"精致穷"？ ·· 26

为什么说"人人心里有笔账"？ ……………………………………………… 28
为什么商品定价采用"九九尾数定价法"？ …………………………… 29
为什么人们总会被高折扣的商品吸引？ ………………………………… 31
为什么人们愿意去排长队的网红餐厅就餐？ …………………………… 33
为什么同类商品喜欢扎堆开店？ ………………………………………… 35
为什么品牌广告不立足于商品本身？ …………………………………… 36
为什么不同尺码的衣服价格却相同？ …………………………………… 38
关键概念 …………………………………………………………………… 38
思考题 ……………………………………………………………………… 40
参考文献 …………………………………………………………………… 40

婚姻家庭中的经济学 …………………………………………………… 43

为什么女性越来越能活出自我？ ………………………………………… 45
为什么倡导三胎后生育率未显著提高？ ………………………………… 46
为什么说为人父母是一场修行？ ………………………………………… 49
为什么中国青年初婚年龄越来越大？ …………………………………… 52
为什么婚姻市场中大龄男性比大龄女性更有优势？ …………………… 53
为什么婚姻是需要经营的？ ……………………………………………… 55
为什么会出现"天价彩礼"？ …………………………………………… 58
为什么婚姻是两方社会关系的结合？ …………………………………… 58
为什么稳定的婚姻家庭对孩子的成长更有利？ ………………………… 59
关键概念 …………………………………………………………………… 60
思考题 ……………………………………………………………………… 62
参考文献 …………………………………………………………………… 62

职场中的经济学 …………………………………………………………… 65

为什么员工工资采用年限薪资制？ ……………………………………… 68
为什么职场中的女性总被询问：如何平衡事业与家庭？ ……………… 69
为什么应届毕业生越来越难找到心仪的工作？ ………………………… 70
为什么实行员工自治的企业较易繁荣起来？ …………………………… 72

为什么说企业合并是一场"豪赌"? 73
为什么绩效平庸的高管还可以拿到高薪? 74
为什么企业偏爱应届毕业生? 75
为什么高薪不能养廉? 77
为什么高薪有时也留不住员工的心? 77
为什么"海归"的投入与薪资回报越来越不成正比? 78
为什么职场中"善良"比"聪明"更重要? 79
为什么投资人不愿意投资夫妻档的公司? 80
为什么企业都偏好于使用股权激励? 82
关键概念 82
思考题 85
参考文献 85

投资理财中的经济学 89

为什么会出现"疯狂的股市"? 92
为什么科学家也难免投机? 92
为什么在中国大多数城市租房比买房更划算? 93
为什么在二手车市场中难淘优质车? 95
为什么会掉入"贫穷的陷阱"? 96
为什么股票市场中投资者能靠信息赚钱? 96
为什么中国股票市场投资者会被"割韭菜"? 98
为什么投资者在投资决策时总是高买低卖? 100
为什么在负利率时代会加大贫富差距? 101
为什么很多人更愿意存大钱花小钱? 102
为什么"理财"的概念随处可见? 103
为什么老年人容易沦为集资诈骗案的受害人? 105
为什么理财产品说明书总是长篇大论、晦涩难懂? 105
关键概念 106
思考题 110
参考文献 110

民生保障中的经济学 ········ 113

- 为什么不建议廉租房配备独立厕所？ ········ 116
- 为什么长沙房价相比同类省会城市房价较低？ ········ 117
- 为什么说"谷贱伤农"？ ········ 118
- 为什么要对部分农产品实行最低限价？ ········ 120
- 为什么我国要实施乡村振兴战略？ ········ 121
- 为什么我国个人所得税采用超额累进税制？ ········ 123
- 为什么我国实施划片区就近入学？ ········ 123
- 为什么传统意义上的"养儿防老"很难解决当下的养老问题？ ········ 124
- 为什么在现行的医疗保险制度下没有实现全民参保？ ········ 125
- 为什么不能通过印钞的方式来降低失业率？ ········ 126
- 为什么公共物品更容易损坏？ ········ 127
- 为什么我国不能实行"从摇篮到坟墓"的养老制度？ ········ 129
- 为什么垃圾中转站选址很重要？ ········ 130
- 为什么互联网巨头疯狂抢占社区团购份额？ ········ 131
- 关键概念 ········ 131
- 思考题 ········ 135
- 参考文献 ········ 135

国际交往中的经济学 ········ 139

- 为什么中国部分出口产品在国外比国内更便宜？ ········ 142
- 为什么中美货币政策会脱钩？ ········ 143
- 为什么说香港联系汇率制面临发展困境？ ········ 145
- 为什么经济的增长没有带来幸福感的提升？ ········ 147
- 为什么委内瑞拉会由"抱着金饭碗"变成"全面饥饿"？ ········ 148
- 为什么政府要设置最低和最高限价？ ········ 150
- 为什么要提出"关键核心技术必须牢牢把握在自己手中"？ ········ 151
- 为什么国际贸易中会产生不平等交换？ ········ 153
- 为什么天价鞋"同鞋不同命"？ ········ 154
- 为什么OPEC不增产石油对世界市场石油价格冲击如此之大？ ········ 156

为什么世界第二大经济体的中国仍属于发展中国家？ …………………… 158
为什么美国要制裁俄罗斯？ …………………………………………… 161
关键概念 ………………………………………………………………… 163
思考题 …………………………………………………………………… 166
参考文献 ………………………………………………………………… 166

经济学十大原理

经济学在人们的生活中发挥着十分重要的作用，它能够影响人们的行为和思维。从本质上来看，经济学是一门研究经济资源的配置和利用的学科，因此，从事经济活动的主体，其行为都是为了更好地配置和利用经济资源。由于经济资源是稀缺的，在优化经济资源的配置和利用的过程中，我们往往需要考虑多种因素的影响。首先，要考虑影响经济主体做出决策的因素。诺贝尔经济学奖得主弗里德曼认为，经济学中最重要的原理是"世上没有免费的午餐"。毫无疑问，在经济体系的运转中，为了得到某种东西，就必须放弃相应的其他东西，这就是机会成本。而如何做出决策，就需要对各种选择的成本和收益进行比较和权衡，力求以最小的成本实现最大的收益。其次，要考虑经济主体之间的相互影响，如通过竞争与合作、市场和政府的作用等，实现经济资源的合理配置，促进各经济主体互利共赢。最后，要考虑影响宏观经济运行的因素，如通货膨胀、失业等，这些因素会影响整个经济体系的运转，进而影响经济资源的配置和利用。本章将通过对经济学十大原理的阐述，让读者对经济学的研究内容和本质有一个正确的理解。

原理一　选择与稀缺

稀缺是指一个经济社会拥有的资源是有限的，因此不能生产出人们希望拥有的所有商品和劳务。马斯洛的需求层次理论表明，人的需求可以划分为不同的层次。当低层次的需求得到满足后，人又会追求更高层次的需求。因此，可以认为，人的需求是无限的。而相对于人的需求，可以使用的资源，如自然资源、社会资源等，都是有限而稀缺的，因此，人的所有需求不能得到满足。由于资源的这种稀缺性，无论是社会中的单个经济个体还是整个社会，都需要对不同的资源进行分配，进而面临着选择。例如，对于经济个体而言，往往需要在衣食住行等方面分配自己的资金；而对于经济体系乃至整个社会而言，效率和公平往往是其所追求的目标，效率强调的是资源的有效配置，而公平强调的是收入分配的平等，这两个目标在很多情况下是相互矛盾的，因而社会需要在效率和公平这两大目标之间做出选择和分配。

原理二　机会成本

由于资源是稀缺的，当面临不同的选择时，人们往往需要做出决策。而影响人们做出决策的一大因素便是机会成本，它是指人们做出某种选择时，所放弃的相应其他选择所能带来的最大价值。当我们面临着不可同时取得的选择 A、B、C 时，如果选择了 A，也就意味着放弃了选择 B 和 C，则为取得 A 所放弃的 B 和 C 能够为我们带来的最大价值就被称为 A 的机会成本。例如，大学生总是会面临这样的选择：空闲时，是去图书馆学习还是和室友一起出门玩乐。去图书馆学习的机会成本便是失去出门玩乐带来的愉悦，而出门玩乐的机会成本便是失去图书馆学习所获得的知识。此时，做出何种选择取决于我们认为哪种选择能够为我们带来更多的价值。因此，机会成本能够帮助我们对不同的选择进行权衡和比较，从而做出最优的决策。

原理三　边际量

在经济学中，我们假设从事经济活动的个体都是理性人。理性人是指从事经济活动的个体都是利己的，他们所采取的经济行为都是为了追求自身利益的最大化或者目标的最优化。因此，在做出经济决策时，他们不仅要考虑机会成本，还要考虑目标的影响因素。由于影响目标的因素往往不止一个，这些因素对目标所产生影响的大小、方向也可能存在差异，这时，他们就需要考虑边际量，即在其他因素不变的条件下，考察某种因素变动对目标经济变量所产生的影响。边际成本、边际收益就是在经济生活中常用的边际量，它们分别表示在其他因素不变的情况下，多生产一单位某种产品所引起总成本的增加量以及多销售一单位某种产品所引起总收益的增加量。毫无疑问，当面临选择时，理性人总是会考虑各种选择的边际成本和边际收益。只有当某种活动所产生的边际收益大于边际成本时，理性人才会选择从事这种活动。

原理四　激励

经济主体在做出决策时，除了对机会成本、边际量进行考虑，还会考虑是否受到来自外部的影响。例如，在经济活动中，政府、商家等对政策、价格的调整，都能够使经济主体做出不同的行为，而引起这种行为的因素就是激励。激励是指引起经济主体做出某种行为的某种东西，如奖励、惩罚措施等。当激励产生时，理性人总是会考虑这种激励所带来的边际成本和边际收益，进而对激励做出反应，以实现自身利益的最大化。例如，当政策或市场的调整使某种产品的价格降低时，该产品的生产者和消费者的行为都会受到影响。对于消费者而言，这种调整会产生正向的激励效应，从而会使消费者增加对该产品的消费；对于生产者而言，则会产生负向的激励效应，使得该产品的生产量减少。除此以外，激励也被广泛运用于企业治理。作为中国领先的民营企业，华为的成功离不开其激励机制——员工持股制度，即允许员工拥有企业的股权，并获得企业利润的分配权。这种激励方式将企业利益与员工利益紧密结合在一起，能够对员工产生正向的激励效应，从而推动企业的发展。因此，激励影响着经济主体的行为。

原理五　贸易与专业化分工

在中国早期自给自足的自然经济中，经济个体或经济单位自己进行生产，产物完全用于满足自身的需求，不和其他经济个体或单位进行交换。在这样的经济中，往往存在着资源的剩余，同时伴随着低效率、高成本等一系列问题。而贸易的出现，便利了人与人、国与国之间的交流，使不同的经济主体能够从事自身最有优势和最擅长的活动，促进了专业化分工。专业化分工是指将生产过程划分为许多细小的任务，由不同的个人或国家各自集中精力完成其中的某一种（或一系列）任务。在这一过程中，个人或国家自愿用自己专业化生产的产品去交换其所需要的其他产品，不仅能提高生产效率、降低生产成本，还能提高产品的质量。最终，无论是个人还是国家，在参与贸易的过程中，其经济状况都能够得到改善，从而实现互利共赢，这也是比较优势理论的核心思想。

原理六　市　场

许多国家，包括资本主义国家和社会主义国家，在其早期发展阶段都实行过计划经济，即政府在资源配置和经济调节等方面起主导作用的经济体制，它是一种指令性、计划性的经济体制。随着国家和社会的发展，大部分国家都放弃了计划经济，代之以市场经济，即通过市场来配置社会资源和调节经济的经济体制。在这种经济体制中，"生产什么""如何生产"和"为谁生产"等有关资源配置的问题，主要通过市场的供给和需求来决定。在市场经济中，企业受利润最大化意愿的驱动，购买原材料进行生产并销售产品；而居民户则拥有要素收入，他们的偏好在市场中决定对商品的需求。最后，企业的供给和居民户的需求二者相互作用，共同决定商品的价格和数量。现代经济学之父亚当·斯密在其著作《国民财富的性质和原因的研究》中提出，当经济主体在市场上进行交易时，仿佛存在一只"看不见的手"，引导其做出决策，最终实现合意的市场结果。而"看不见的手"，指的就是市场。

亚当·斯密与"看不见的手"

人类几乎随时随地都需要同胞的协助,但要想仅仅依赖他人的恩惠,那是绝对不行的。他如果能够刺激他人的利己心,并告诉其他人,给他做事是对他们自己有利的,那么他要达到目的就容易得多了。请给我所要的东西吧,同时,你也可以获得你所要的东西,这句话是交易的通义。我们所需要的同胞协助,大部分是依照这个方法取得的。

我们每天所需的食物和饮料,不是出自屠户、酿酒师或面包师的恩惠,而是出自他们利己的打算。我们不说唤起他们利他心的话,而说唤起他们利己心的话。我们不说自己有需要,而说对他们有利。社会上,除乞丐外,没有一个人愿意全然靠别人的恩惠过活。

每一个人,既不打算促进公共的利益,也不知道自己是在何种程度上促进哪种利益,他所盘算的也只是他自己的利益。在这种场合下,像在其他许多场合一样,他受一只"看不见的手"的引导,去尽力达到一个并非他本意想要达到的目的。他追求自己的利益,往往使他能比在真正出于本意的情况下更有效地促进社会的利益。

参考资料:斯密,2002.国民财富的性质和原因的研究:节选本[M].郭大力,王亚南,译.北京:商务印书馆.

原理七 政府

经济学家凯恩斯认为,仅仅依靠市场不能实现经济均衡、充分就业等宏观经济目标,政府应该干预经济。因此,在市场经济中,除了市场这只"看不见的手",同时需要政府发挥作用。一方面,市场发挥作用需要政府制定规则和制度,以保障市场的运行秩序。例如,在只有市场的作用下,人们对于自己所拥有的稀缺资源,不能进行一个清晰的界定,此时就会出现资源的转移、复制等问题,而政府的作用便是以法律法规等形式来保护人们的所有权。另一方面,市场并不是万能的,当市场不能有效地配置资源时,就会出现市场失灵的情况。此时,我们也需要政府的干预,政府的调节往往是为了实现效率和公平。市场失灵有两大原因:一是外部性;二是不完全竞争。

外部性是指企业或个人向市场之外的其他人所强加的成本或效益。例如，个人的乱丢垃圾、企业的废气废水排放等行为，会使他人受损，而这一问题依靠市场本身并不能有效地解决。此时，政府可以出台相关政策，对个人和企业的破坏行为进行处罚，以维护效率和公平。不完全竞争是指单个经济活动个体或群体能够显著地影响市场价格。例如，当某家企业垄断了整个行业的相关产品时，该产品的定价也将由该企业所控制，这极大地损害了行业中其他竞争企业和消费者的利益，降低了资源分配效率。这时，就需要政府以法律、政策等形式进行干预，如进行价格管制、规定限价等。

原理八　生产率

对于一个国家而言，其人均可支配收入越高，表明该国居民的生活水平越高。2000年，我国居民的人均可支配收入为0.37万元，到2023年，该值达到了3.92万元，这反映出我国居民的生活水平逐渐提高。因此不难看出，不同时期的不同国家，其居民人均可支配收入会存在差异，进而居民生活水平也会存在差异。而决定这一差异的，是各国生产率的不同，即每单位劳动投入所生产的商品和劳务数量的不同。一国的生产率越高，则该国居民的生活水平越高；一国的生产率越低，则该国居民的生活水平越低。对于企业而言，其生产率越高，产品的市场占有率就越高，从而获得的利润也越高。对于个人而言，其生产率越高，表明其为企业所做的贡献越大，从而收入和生活水平也会越高。因此，无论是个人、企业还是国家，要想改善经济效益和生活水平，就需要从提高生产率这一角度入手。

原理九　通货膨胀

通货膨胀是指经济中大多数商品和劳务的价格连续在一段时间内普遍上涨的现象，它一般是由货币发行量的增加引起的。在经济体系中，当货币发行量增加而导致流通中的货币量大于经济的实际货币需求量时，就会引起货币贬值，从而使单位货币能够购买到的商品减少，人们就需要用更多的货币购买商品，从而引起物价水平的上升。通货膨胀根据严重程度不同，可以分为低通货膨胀、急剧通货膨胀和恶性通货膨胀。当发生低通货膨胀时，价格上涨缓慢，物价相对较为稳定；当发生急剧通货膨胀时，价格上涨快速，货币贬值非常严重；而当发生恶性通货膨胀时，价格飙升，会对整个经济体系产生影响。

恶性通货膨胀

过去我们一般都在衣兜里装着钱去商店购物，将买到的食物装在篮子里带回来。而现在我们是用篮子装钱，再用衣兜装回所买的食物。除了纸币外，一切都十分缺乏！物价一片混乱，生产也一塌糊涂。以前一次餐费的价钱和一张歌剧票差不多，可现在却几乎是原来的20倍。每个人都在囤积"东西"，并尽力抛掉"不值钱"的纸币，这就将"值钱"的金属货币赶出了流通领域。结果，人们的生活部分地退回到极不方便的物物交换时代。

资料来源：萨缪尔森，诺德豪斯，2013. 经济学：第19版［M］. 萧琛，译. 北京：商务印书馆.

原理十　通货膨胀与失业

经济学家菲利普斯认为，失业率与货币工资增长率之间存在短期的替代关系。而后，以萨缪尔森为代表的新古典综合派将这一观点发展为失业率与通货膨胀率之间的短期交替关系。从短期来看，当发生通货膨胀时，人们手中持有的货币量增加，从而对商品和服务的需求会增加，需求的增加会鼓励企业雇用更多的工人，以生产更多的商品和服务。在这个过程中，企业雇用工人数量的增加意味着失业率的降低；当失业率降低时，意味着社会就业的增加，从而能够促进更多的消费，导致人们对商品和服务的需求上升。商品和服务出现供不应求将引起总物价水平的上升，出现通货膨胀。因此，通货膨胀与失业表现为短期的交替关系。

关 键 概 念

经济学（economics）：是一门研究人类行为及如何将有限或者稀缺资源进行合理分配的社会科学。

稀缺（scarcity）：一个经济社会拥有的资源是有限的，因此不能生产人们希望拥有的所有商品和劳务。

机会成本（opportunity cost）：在存在稀缺的世界上，选择一种东西意味着需要放弃其他一些东西。一项选择的机会成本，是相应的所放弃的东西的最大价值。

效率（efficiency）：给定投入和技术的条件下，经济资源没有浪费，或对经济资源作了能带来最大可能性的满足程度的利用。

公平（equality）：经济成果在社会成员中的平均分配，主要是指收入的均等分配。

理性人（rational people）：从事经济活动的人都是利己的，他们所采取的经济行为都是力图以最小的经济代价去获得最大的经济利益。

边际量（marginal changes）：在其他因素不变的条件下，某种因素变动对目标经济变量所产生的影响。

边际成本（marginal cost）：在其他因素不变的情况下，多生产一单位某种产品所引起总成本的增加量。

边际收益（marginal revenue）：在其他因素不变的情况下，多销售一单位某种产品所引起总收益的增加量。

激励（incentive）：能够引起经济主体做出某种行为的某种东西。

利润（profit）：总收入与生产这些商品所用资源的全部机会成本之间的差额。

专业化分工（division of labor based on specialization）：将生产过程划分为许多细小的任务，由不同的个人或国家各自集中精力完成其中的某一种（或一系列）任务。

比较优势理论（theory of comparative advantage）：比较优势理论认为，在两国之间，每个国家都应集中生产并出口具有"比较优势"的产品，进口具有"比较劣势"的产品，从而双方均可节省劳动力，获得专业化分工、提高劳动生产率的好处。

市场（market）：买者和卖者相互作用并共同决定商品和劳务的价格以及交易数量的机制。

计划经济（planned economy）：由政府做出有关生产和分配的所有重大决策。此外，政府还决定社会产出在不同的物品与劳务之间如何分配。简言之，政府通过它的资源所有权和实施经济政策的权力解答基本的经济问题。

市场经济（market economy）："生产什么""如何生产"和"为谁生产"等有关资源配置的问题，主要通过市场的供给和需求来决定。在市场经济中，企业受利润最大化意愿的驱动，购买原材料进行生产并销售产品；而居民户则拥有要素收入，他们的偏好在市场中决定对商品的需求。最后，企业的供给和居民户的需求二者相互作用，共同决定商品的价格和数量。

看不见的手（invisible hand）：亚当·斯密于1776年提出的概念，揭示自由放任的市场经济中所存在的一个悖论，认为在每个参与者追求其私利的过程中，市场体系会给所有参与者带来利益，就好像有一只与人为善的"看不见的手"，在指导着整个经济的运作过程。

市场失灵（market failure）：指价格体系的不完备性，它阻碍资源的有效配置，主要原因有外部性和不完全竞争。

外部性（externalities）：企业或个人向市场之外的其他人所强加的成本或效益。

生产率（productivity）：每单位劳动投入所生产的商品和劳务的数量。

通货膨胀（inflation）：经济中大多数商品和劳务的价格连续在一段时间内普遍上涨。

失业率（unemployment rate）：劳动力中没有工作而又在寻找工作的人所占的比例。

思 考 题

1. 当面临选择时，我们应该如何做出决策？
2. 请列举几个生活中有关机会成本的例子。
3. 为什么厂商在选择是否增加某种产品的生产量时，会考虑边际成本和边际收益，而不是平均成本和平均收益、总成本和总收益？
4. 为什么要进行贸易？贸易的出现带来了哪些影响？
5. "看不见的手"是如何发挥作用的？
6. 为什么市场经济中既需要市场，也需要政府？
7. 什么是市场失灵？请举例说明市场失灵的原因。

8. 如何理解通货膨胀？通货膨胀是如何引起的？

9. 试谈谈通货膨胀和失业之间的关系。

参 考 文 献

曼昆，2015.经济学原理：微观经济学分册［M］.7版.梁小民，梁砾，译.北京：北京大学出版社.

曼昆，2015.经济学原理：宏观经济学分册［M］.7版.梁小民，梁砾，译.北京：北京大学出版社.

萨缪尔森，诺德豪斯，2013.经济学：第19版［M］.萧琛，译.北京：商务印书馆.

高鸿业，2018.西方经济学（微观部分）［M］.7版.北京：中国人民大学出版社.

高鸿业，2018.西方经济学（宏观部分）［M］.7版.北京：中国人民大学出版社.

弗里德曼，2006.弗里德曼的生活经济学［M］.2版.赵学凯，王建南，施丽中，译.北京：中信出版社.

李嘉图，2013.政治经济学及赋税原理［M］.郭大力，王亚南，译.北京：北京联合出版公司.

斯密，2002.国民财富的性质和原因的研究：节选本［M］.郭大力，王亚南，译.北京：商务印书馆.

凯恩斯，2014.就业、利息与货币通论［M］.徐毓枬，译.南京：译林出版社.

罗宾逊，2014.不完全竞争经济学［M］.王翼龙，译.北京：华夏出版社.

索维尔，2018.经济学的思维方式［M］.吴建新，译.成都：四川人民出版社.

MASLOW A H，1943. A theory of human motivation［J］. Psychological Review，50（4）：370-396.

日常生活中的经济学

- 为什么住宅楼一般情况下最高只有33层？
- 为什么连锁蛋糕店宁愿丢掉即将过期的商品也不低价销售？
- 为什么星巴克咖啡这类外来的商品在中国的售价远远高于本地？
- 为什么越接近起飞时间机票的价格越贵？
- 为什么繁华商圈的停车费会更昂贵？
- 为什么商场优惠活动总是以送代金券的形式而非直接降价？
- 为什么超市总会选择鸡蛋等商品打折来吸引顾客？
- 为什么包邮促进了消费者的购买意愿？
- 为什么女性热衷于购买新口红？
- 为什么年轻人追求"精致穷"？
- 为什么说"人人心里有笔账"？
- 为什么商品定价采用"九九尾数定价法"？
- 为什么人们总会被高折扣的商品吸引？
- 为什么人们愿意去排长队的网红餐厅就餐？
- 为什么同类商品喜欢扎堆开店？
- 为什么品牌广告不立足于商品本身？
- 为什么不同尺码的衣服价格却相同？

在日常生活中，经济学无处不在，它渗透在我们的决策、行为和交易中。为什么很多商品的价格尾数都是"9"？为什么越接近起飞时间机票的价格越贵？这些日常中的小事，鲜有人会思考其中缘由，但其背后却蕴含着深刻的经济学原理。

消费者在一生中必然会面临无数的选择，那选择的标准是什么呢？经济学中的成本效益原则告诉我们，当收益大于成本时，选择才是可行的。随着经济的发展，消费者不再追求吃饱穿暖，对于购买商品也有了选择的余地：他们倾向于包邮产品、愿意去排长队的网红店就餐……因为人们不再简单地按需购买，而是被多重因素影响选择。在选择时，消费者对于每种商品都有一个大致的心理预期。这解释了为什么商品打折对于消费者有如此大的吸引力，因为在消费者心目中，打折商品的价格低于原来的预期值，这对他们来说是一种"捡便宜"的行为。

在现代经济体系中，商家通过生产商品和提供服务来满足人们的需求。他们面临着诸多经济学挑战，包括资源配置、成本控制、市场竞争和消费者需求的变化。为了生存和发展，商家必须不断地在这些挑战中寻找平衡点，以实现利润最大化。就拿价格歧视来说，商家通过一定的策略实现将成本相同的商品以不同的价格卖给不同的消费者，让销售价格更贴近消费者的购买意愿价格，获取更多利润，商场送代金券的活动形式正是价格歧视的体现。信息时代下，随着人们生活观念的转变，不同商家之间的竞争愈演愈烈。在日常生活中，我们可以看到商家如何通过创新、市场营销和服务优化来吸引消费者，同时也应对竞争和市场波动。他们的行为不仅影响着个体消费者的选择，也对整个经济体系的运行产生着深远影响。

日常生活中的经济学通常涉及交易双方两个主体。不同经济水平的消费者，基于满足其利益最大化的追求，会表现出不同的行为选择。而商家则出于追求利润最大化，也会制定相应的生产经营策略，以争取更多消费者和更大的销售额。本模块通过分析消费者和生产者的行为决策，揭示其行为背后的经济规律，让读者得以在不同情形下进行理性判断，做出最优经济抉择。

为什么住宅楼一般情况下最高只有 33 层？

2021 年，住房和城乡建设部、应急管理部发布《关于加强超高层建筑规划建设管理的通知》，严格管控新建超高层建筑，强化既有超高层建筑安全管理。超高层建筑是指40层以上，高度100m以上的建筑物。随着人们对房屋需求的增加，高层建筑物越来越多。但大家有没有发现，在我国，住宅楼基本不会超过33层。按常规思维来想，楼房越高，商家应该能赚更多钱才是。那为什么住宅楼一般情况下最高只有33层呢？

一个原因是开发商在响应国家政策的同时追求最大利益。按照我国《建筑设计防火规范》（GB 50016—2014）的规定，当建筑高度超过100m时，为了消防安全需要专门设置供人们疏散避难的楼层。

对于住宅楼而言，如果3m一层，33层便是99m，刚好在100m以下。开发商可以减少修建庇护层及安装庇护层内消防设备等一大笔费用。

还有一个原因就是安全问题，当建筑高度超过一定限度后，其与开发商所获得的收益成反比。在选择入住楼层时，人们会因为方便而选择较低楼层，会因为安静、空气清新选择较高楼层，但是人们很少会选择很高的楼层。因为大家会考虑：当发生停电或者电梯故障时，从一楼爬楼梯到高楼层，会是一件充满挑战性的事情。这也是开发商需要考虑的事情。楼层越高，顶层就越难卖出。楼层越高，对房屋整体的安全性要求越高，一旦出现火灾、地震等灾难，高层居民难以逃生，也不利于后期消防工作的展开。

总的来说，无论是政府还是开发商，都不愿意将住宅楼房设计得过高，也就是不会超过33层。从经济学的成本效益原则来看，当项目的成本大于收益时，我们应当放弃该选择。因此，住宅楼一般都在33层以下。

为什么连锁蛋糕店宁愿丢掉即将过期的商品也不低价销售？

在我们的日常生活中，你可能会见到这样的现象：连锁蛋糕店在晚上关门的前一个小时，把没有卖掉、快过保质期的商品直接丢掉。对此，不少人认为这样做十分浪费。为什么商家不把这样的商品提前低价卖出或者送给那些吃不起饭的流浪者呢？

对商家而言，利益肯定是放在第一位的。如果低价售卖，那么很多人就不会正价去购买商品，而是都等着晚上价格便宜了再去买，这样在白天时商品更难卖出去。如果不扔掉留着第二天卖，商品就不新鲜了，如果售出后出现食品安全问题就是商家的责任，损失更大。为了维持利润，不会有人轻易地去降低价格，所以即使卖不出去，商家也不会选择降价出售。况且，一些对品质要求较高的公司，比起心疼这些小钱，会更愿意在库存控制上下功夫。

其实，对于商家来说把制作好的商品丢掉当然是不愿意的，所做的一切都是为了维持商品的质量与价格。

为什么星巴克咖啡这类外来的商品在中国的售价远远高于本地？

2013年央视曾对比了星巴克咖啡在中国、印度和欧美的售价，发现其在中国的售价最高。央视批评称，星巴克中杯拿铁的成本不足5元，售价却高达27元。又如我们都熟悉的哈根达斯，这种冰激凌在美国是比较便宜的，但是来到中国，就比较贵了。

为什么外国的商品在中国卖得这么贵呢？因为中国市场中的企业立足并不容易，在中国开一家门店需要缴纳一定税费和其他杂费，如水电费、卫生费等。最关键的是，中国一线城市伴随房价一起飞涨的店铺租金，更是一笔不菲的支出。以上这些都构成了其店铺经营的成本。尤其是星巴克一般开在繁华的商业区，其租金成本更高。

我们再仔细考察星巴克所在行业的基本状况。在中国除了星巴克，COSTA、上岛咖啡、漫咖啡等企业都提供类似的服务，但我们会发现这些品牌咖啡的价格与星巴克相当。以国产品牌上岛咖啡为例，一杯冰拿铁的售价为40元，甚至比星巴克更贵。所以说，星巴克咖啡的售价处于中高端咖啡品牌的平均水平。而供需关系决定价格，说明星巴克的咖啡定价是中国市场供需关系反映出的合理定价。

此外，星巴克在中国市场的品牌形象与在欧美地区有明显差异。中国消费者在星巴克购买的不仅是咖啡，同时还享受星巴克优雅的店内环境，这就导致中国星巴克门店的翻台率远低于欧美地区。而翻台率低一定程度上也会影响店铺的盈利，商家则会通过提高商品的单价来保证其利润率。

为什么越接近起飞时间机票的价格越贵？

现在很多人外出都会乘坐飞机，但是一般来说机票的价格往往会比其他交通方式高，因此很多人会密切关注机票价格的变化。人们发现在航空公司提前几个月预订机票时价格较低。于是就有人思考，在飞机起飞之前临时买票会不会同样降价。但事实却是，机票越接近起飞时间不仅不会降价，价格往往还会更高。

为什么会这样呢？按理来说，在航空公司预期损失已成定局的情况下，要想最大程度地减少损失就需要尽可能将机票低价卖出去，来减少因滞销带来的经济损失。因为不管剩余的机票有没有卖出去，此次航班都是要启航的，航班飞行的成本是既定的，低价卖出去的机票增加的成本仅仅是飞机上餐食成本。

其实这种现象很容易解释，因为选择飞机出行的人主要分为旅游人群和商务人群。对于旅游人群来说，大多数人会在旅行开始前就做好旅行计划，提早购买好机票，而那种"说走就走的旅行"在现实生活中相对较少。因此临时买票的大多为商务人群。而对于商务人群来说，他们对时间很敏感，比起价格，更关心自己能不能如期抵达目的地，没有那么多的时间去对比哪一家航空公司的机票更便宜，所以机票的价格在起飞前往往会更高，航空公司也能取得更多收入。

价格的形成

有位老师曾在课堂中做了这样的一个实验。老师将同学平均分为两部分，给其中一部分同学每人一个马克杯，而另外一部分同学则没有，后者将从前者那里购买马克杯。同学们就这样形成了一对一的协商交易。通过不同的配对，不同的讨价还价过程，最后所有的马克杯都卖出去了，且每个马克杯都有一个成交价。同学们把这个成交价写到黑板上。接着，老师就根据同学们交易的价格，算出马克杯的平均价格。而且我们能看出，每一宗具体的交易，其成交价都是围绕着这个平均价上下波动的。

基于此，老师提出了一个疑问。马克杯明明有一个平均价，如果在交易之前就提前宣布了马克杯的平均价，所有人都根据这个平均价进行交易，不就省去了讨价还价的麻烦，避免了价格波动的困扰吗？可这样的观点对吗？

当然不对！这样做是把因果关系颠倒了。想想看，如果没有每一宗具体的交易，没有每一个马克杯的成交价，怎么可能算出平均价？平均价只是一个汇总的数字，只是一个事后总结的数字。

在现实生活中，永远是具体的情况、具体的案例发生在先。每一宗交易，都要在一个具体的情境下进行，没有了它就不会有汇总的数字。价格是每一个人发自内心，根据实际情况，最后达成的一个结果。

在现实生活中，人们很容易忘记价格背后的真正驱动力，很容易以为价格只是个摆设，可以随意操控。他们喜欢这个价格的时候，就支持市场经济；他们不喜欢这个价格的时候，就要政府管一管。他们忘记了，价格只是一个信使，它只是在如实地反映商品稀缺的信息。

参考资料：薛兆丰，2018.经济学讲义[M].北京：中信出版集团.

道路拥堵费

在 A 和 B 之间有两条路：一条是快速通道，但是快速通道有一个缺点，就是路比较窄；一条是慢速通道，是泥泞的道路，但是很宽。那么要从 A 到 B，你会选择走哪一条路？你一定会选择比较窄的快速通道，你之后的第二个人也会选择快速通道，第三个人也同样如此，每一个人都会选择快速通道。

但这时候产生了一个问题，就是由于快速通道上的车辆越来越多，开始变得拥堵，车辆行进的速度一点一点地慢下来了。到最后，终会有那么一个人，在两条路当中作选择时，他感觉还是快速通道要快一点，这时候他义无反顾地选择了那条比较窄的快速通道。但恰恰是由于这最后一个人的进入，这条快速通道上车辆运行的速度进一步下降，下降到了和那条泥泞的道路上的车速一样的水平。

英国经济学家庇古由此得出一个结论，就是自由经济不好、自由放任不好，因为每个人都在追求自己利益最大化的时候，就会伤害别人。这个时候就需要政府出面，对这个问题进行系统的监管，政府要想办法阻止一些人上这条比较窄的快速通道。他提出可以通过征税的办法，把一部分人从这条路上赶走。庇古建议的这种税，被后来的经济学家称为"庇古税"。

资料来源：庇古，2006.福利经济学[M].朱泱，张胜纪，吴良健，译.北京：商务印书馆.

为什么繁华商圈的停车费会更昂贵？

几年前小涵开车到长沙市五一广场游玩，这里是长沙市最繁荣的商业中心，大街上到处都是人，非常热闹。然而在这里要找到一个停车位却很难。后来政府在这些停车位上安装了计时器，让这里的停车费用尤其昂贵。为什么繁华商圈的停车费会更昂贵？

随着经济的发展，家家户户基本上都有了车，而停车位就成了一种稀缺资源，当需求大于供给时，其价格自然会上升。如果五一广场的停车位是免费的，那它将成为一种人人都想要的公共资源，这样会导致很多人浪费大量的时间去搜寻停车位，造成道路的拥挤。

显然，这种影响是负面的。于是政府对繁华商圈停车的司机收取高昂的停车费。一方面，由于价格升高，人们对停车位的需求量会减少。这一措施会鼓励人们乘坐公交车、地铁等公共交通工具。另一方面，人们会更倾向于将车停在广场周围的停车费用更低的区域，这样既有了更多的停车位，同时也缓解了道路拥挤的问题。

但没人喜欢涨价，很多人反对在免费停车的街道上安装计时器的提议。因为对于"穷人"来说，他们之前还能凭运气得到一个免费的停车位，而现在，面对高昂的停车费只能望而却步，让给"富人"，这在经济学中称作有效率但是并不公平。

以包容效率与公平的改革促进共同富裕

共同富裕是中国式现代化的重要特征。《以包容效率与公平的改革促进共同富裕》一文着重研究完善分配体制促进共同富裕问题。共同富裕的着力点和切入点是"提低"，以克服相对贫困为重点。从分配体制角度，推进共同富裕需要解决好效率与公平的包容。各种生产要素参与收入分配后，劳动报酬在收入中的比重会下降，但劳动者收入会随着其拥有更多的非劳动生产要素而提高。这是劳动者在要素报酬机制中的富裕途径。按劳分配为主体指的是包含直接劳动、技术和管理收入在内的劳动收入为主体。只要技术和管理要素作为复杂劳动收入得到实现，其连同直接劳动收入一起，就可能实现按劳分配为主体。直接劳动者通过教育和培训,提高劳动的复杂程度,掌握知识和技能,获取复杂劳动报酬,是勤劳致富的体现。根据就业优先的要求,科技进步不是偏向于替代就业。高质量推进科技创新就要求"教育与技术赛跑",加强对低技能劳动力的教育和培训,使其技能提高与低技能岗位被替代同步。政府主导的再分配涉及的税收和公共产品的供给正是政府主导推进共同富裕的基本路径。不同家庭享用公共产品和基本公共服务的权利则应该是无差别、公平的,体现"精准"和"普惠"。基本公共服务的无差别提供需要增强公共财政的能力,其路径除了完善税收制度、增加财政收入外,还需要利用市场经济。发挥第三次分配对共同富裕的作用,重要的是社会道德水准的提高、慈善文化的弘扬,特别需要有相应的税收等方面的政策激励。

资料来源:洪银兴,2022.以包容效率与公平的改革促进共同富裕[J].经济学家(2):5-15.

为什么商场优惠活动总是以送代金券的形式而非直接降价?

"喜迎国庆,本商场优惠酬宾活动,进店可以领取88元抵100元代金券,拿到就是赚到!"当你兴高采烈地挑选自己喜欢的商品,并使用代金券进行付款时,有没有思考过,为什么商家总是发放代金券,而不直接对商品降价呢?

对于消费者而言,一件原价100元的商品,使用代金券后一件88元和商家直接降价到88元,支出是相同的。领券消费,不仅给消费者增加了"麻烦",对商家来说,印刷如此多的代金券也需要印制成本,组织代金券发放等更需要人力投入。既然最终的效果都是商品降价12元,那么为什么商家不能直接给商品降价呢?

商家代金券从来都不是真正让利给消费者的,而是为了获取更多的利润。代金券实际上是实行价格歧视策略的一种手段,区分愿意付出时间成本来搜索优惠信息的"穷人"和不在乎优惠信息直接到门店购买的"富人"两类消费者。价格歧视实质上是一种价格差异的情况,指商品或服务的提供者在向不同的接受者提供相同等级、相同质量的商品或服务时,在接受者之间实行不同的销售价格或收费标准。对待"富人",即不持有代金券的人,商家给他们提供的商品比较贵(没有优惠),对待"穷人",即持有代金券的人,商家给他们提供的商品比较便宜(享有折扣)。"富人"的购买决策受到价格波动的影响较小,即使不使用代金券,他们仍然会选择购买,商品利润空间更足;而"穷人"对商品降价的信息比较敏感,在发放代金券促销期间会增加购买数量,因而也能够增加销售量。商场的总销售额上升,那么看似亏本的商场营业利润反而增加了。

此外,对于产业竞争而言,直接降价会成为同行业企业间价格战的导火索。虽然说所有的成熟产品最终都将面临"价格战"直至被新进产品所替代,但是恐怕没有哪个企业愿意率先用降价的方式来挑战行业的默认规则。消费者无疑是更喜欢降价商品,他们享受得到优惠的感觉,但是对于商家来说,如果直接降价,往往会导致"同业众输",这也是我们不常见到商品降价的原因。

转移成本视角下的大数据"杀熟"

针对大数据"杀熟"这一互联网经济中出现的价格歧视新问题,《转移成本视角下的大数据"杀熟"》一文在消费者存在转移成本且短视情形下,构建了一个三阶段动态博弈,分析了寡头竞争市场中企业的"杀熟"动机。研究发现,当转移成本相对较大时,至少会有一家企业存在"杀熟"动机;反之,"杀熟"策略并不会出现在子博弈精炼纳什均衡路径上。这为大数据"杀熟"在理论上提供了更为合理的解释。引入转移成本理论模型的主要结论是,当转移成本相对较大时,允许企业采取"量身定价"策略可能提高社会总福利和企业利润;但当转移成本很大时,则可能会损害消费者福利。最后,分析了相关理论对监管政策的启示。

资料来源:甄艺凯,2022.转移成本视角下的大数据"杀熟"[J].管理世界,38(5):84-117.

为什么超市总会选择鸡蛋等商品打折来吸引顾客?

超市里打折促销的商品形形色色、种类繁多,最常见的有鸡蛋、酸奶和纸巾。我们去超市的时候可以看到酸奶打折促销,毕竟酸奶的保质期比较短。也经常会看到鸡蛋打折促销,而且一般都会有数量限制。但是鸡蛋本身价格就较低,打折促销商家根本无利可图。那么为什么我们在超市里还能经常看到鸡蛋的打折促销呢？

鸡蛋、蔬菜是人们每天吃的食物，所以购买频率非常高，这就是为什么超市不用其他商品来做活动的原因。鸡蛋的价格一般比较稳定、比较透明，人们经常购买，所以对价格很了解，贵一点，便宜一点，都很清楚。超市对鸡蛋进行打折，人们一眼便能看出价格比平常要低，从而来抢购。鸡蛋本身价格并不高，打折后超市收入不会降低太多。而人们一旦来到了超市，如果只买鸡蛋回去肯定不划算，通常也会有选择性地购买其他商品，从而达到吸引顾客的目的。同时我们常常会看到人们排着长队购买打折的鸡蛋，这也是为了吸引更多的人进店。有时候鸡蛋只对一部分人产生吸引力，但当其他人看到超市人很多时，也会由于好奇而走进超市，这就是所谓的羊群效应。所以，虽然超市将鸡蛋进行打折，会使超市减少销售鸡蛋的利润，但可以吸引更多的人来购买商品，本质上是给超市带来了更大的经济利益。

损失厌恶实验

1. 实验设计

假设硬币是均质的。参加掷硬币实验，如果是正面，你将得到150美元；如果是背面，你将输掉100美元。这个赌局对于参与者来说，长期下注的话，肯定是稳赚不赔的，毕竟输赢概率相同，赢的收益大于输的损失。你会参与这个实验吗？

2. 实验结果及分析

大多数人仍然拒绝了这个赌局，因为对于大多数人来说，损失100美元的痛苦远远大于得到150美元的快乐。收益多少的快乐才能弥补普通人失去100美元的痛苦呢？答案是200美元。

由上述实验我们可以看出，损失厌恶是指人们面对同样数量的收益和损失时，认为损失会更加令他们难以忍受。对于大多数人来说，不确定的结果，必须得到至少2倍于风险的担保。

为什么包邮促进了消费者的购买意愿？

选项1：商品价格10元，邮费5元。

选项2：商品价格15元，免邮费。

对于上面的商品，你会选择哪一个呢？按照"市场理性"假设来看，两个商品需要消费者支付的总价一样，选择选项1和选择选项2的人应该差别不大。且若选项1商品的总价更低，人们应该会选择选项1。但对于有网购经历的人来说，选项2似乎更具吸引力。

这是为什么呢？选项1对消费者来说，商品本身需要付钱，邮费另外再付，相当于付两次钱。付两次钱的行为，会让消费者觉得这次购物亏大了。消费者的这种"损失厌恶"的心理对做营销的人来说，是值得注意的。因为营销要学会降低消费者的"损失厌恶"心理，才能提高消费者的体验感。

要想理解营销和"损失厌恶"的关系，就要先了解营销的本质。营销就是通过人为的方式进行干预，促使商品与消费者两者之间能够得到更高的匹配度。我们可以通过提高商品的吸引力或者降低消费者购买行为的阻力，来提高连接与匹配度。提高商品的吸引力，就是要提高品牌或者商品的价值感。降低消费者购买行为的阻力，则是降低消费者的成本。这个成本，是指"损失厌恶"心理中的"损失"。

所以可以看出，不管是提高价值感，还是降低成本，本质上都是在降低消费者的"损失厌恶"心理。为什么消费者都喜欢购买包邮商品？因为消费者都会有"损失厌恶"感，包邮能够让消费者减少二次付费的动作，降低了"损失厌恶"感，提高了消费舒适度。

口红效应

"口红效应"是指因经济萧条而导致口红热卖的一种有趣的经济现象，也叫"低价产品偏爱趋势"。这是因为，人们认为口红是一种比较廉价的奢侈品，在经济不景气的情况下，人们仍然会有强烈的消费欲望，所以会转而购买比较廉价的奢侈品。口红作为一种"廉价的非必要之物"，可以对消费者起到一种"安慰"的作用。选择口红这样的低价的奢侈品，比起其他昂贵的高端产品，显然能带来更加平实且更易获得的快乐。正如英国坎伯兰一位名叫 Nella Last 的主妇所说："涂的唇膏太艳，但是这样在阴沉的日子，唇若笑不出来，嘴角依然上扬。"

资料来源：王娟，2017."口红效应"是新经济的新现象［J］.现代商业（35）：9-10.

为什么女性热衷于购买新口红？

有一位网络博主曾经测试过一支口红可以用多久，结论为保守估计下需要使用 1000 次才能全部用完。若一天使用 2 次，也要近 1 年半的时间才能用完。然而很多女性明知道自己的口红用不完，还是会一直购买，这是为什么呢？

口红是相对来说门槛较低的美妆产品，相比其他化妆品更便宜，几十元到几百元的价格区间可以满足绝大部分消费者的需求。而在使用和心理上，相比于更复杂的眼妆、修容等进阶彩妆，口红容易上手且能立刻带来改变，也由此更容易刺激消费者对不同色号、不同质地口红的购买需求。

消费者拥有完全不理性的"拥有即愉悦"思维。在看待女性明知用不完还在不停买口红这件事上，我们似乎不能用"需要不需要"来定义口红在女性心目中的地位。很多人并不把口红作为一种消耗品，而是作为一种收藏品，按照品牌、色号、大小分类收纳，即使不使用也能让其产生愉悦感。

另外，推动口红销售的还有商家的噱头。在淘宝上，很多商家会制造"本命口红""春夏口红"等噱头，将口红与季节、日常生活场景联系起来，潜移默化地告诉消费者需要在不同时间和场合使用不同的口红。

宏观经济、市场情绪与口红效应

口红效应是指在经济萧条阶段有些产业却趋于繁荣的一种经济现象。美、法等国的海外历史经验表明文化娱乐产业往往是经济低谷期的受益者。《宏观经济、市场情绪与口红效应》一文从市场情绪的视角分析宏观经济与文娱产业绩效关系，探究了不同投资者情绪下文娱产业中的口红效应是否存在。该文对于股票市场的口红效应的实证分析采用公司微观层面的文本指标来度量投资者情绪（股吧正面评论与负面评论），以及采用网络搜索指标来度量投资者关注（文娱行业关注度与文娱个股关注度）。产品市场的口红效应则采用宏观上消费者情绪角度（消费者信心指数与电影总票房收入）开展检验。实证结果表明文娱类股票超额收益与宏观经济呈现负相关，尤其是投资者正面情绪较弱，负面情绪较强的时候。此外投资者对于行业和企业关注度较低时也会产生股票超额收益的口红效应。文娱产业经营业绩的口红效应也被证实，并且当消费者情绪低落，行业关注度较低时更明显。当市场非理性程度变强时，投资者情绪对于股市口红效应的解释力会变强，消费者情绪对于经营绩效口红效应解释力会变弱。政策建议上，中国在经济转型期应该更加注重对投资者的理性引导，合理利用娱乐行业的情绪因素选择新的经济增长点。

资料来源：洪祥骏，吉利，2019. 宏观经济、市场情绪与口红效应［J］. 经济学报，6（4）：1-34.

为什么年轻人追求"精致穷"？

"精致穷"的网络定义是一种普遍发生在年轻人群体中的生活方式，是指年轻人虽然赚得不多，但并没有因此而放弃追求精致，愿意为了自己所向往和喜欢的东西变穷，穷的明明白白，也活得开心闪亮。如"精致穷"的网络定义一般，我们可以看到很多年轻人拿着微薄的工资，却过着精致的生活。那么为什么年轻人要追求"精致穷"呢？

对于年轻人来说，追求精致表明了他们的一种态度，精致的人追求细节里的讲究。而"精致穷"人群也是如此，他们会把更多的钱用在包包、衣服上，这是为了给大家呈现一种积极精致的生活。而在住宿或者饮食上简单，是因为这些消费并没有过高的仪式感。这就跟我们在外面会穿得很得体，而在家会穿得很随意一样。在这些年轻人心中，一顿昂贵的饭或者一个更好的住所并没有比一个拿得出手的包包地位高。

随着经济的发展，人们不仅追求吃饱穿暖，而且也开始享受生活。受心理因素影响，人们认为只有在平淡生活中为自己付出一点，才会感觉到之后生活的苦会少一点，以在忙碌生活中寻求一点心理安慰。

不论如何，"精致穷"本身并没有对错之分，只是个人的一种生活方式选择。

心理账户

人们常常错误地将一些资金的价值估计得比另一些低。例如，中奖赢得的资金、股票市场获得的横财、意想不到的遗产、所得税的返还等的价值会被估计得比常规的收入低，并且，人们倾向于更轻率地或随意地使用这些被低估的资金。人们根据资金的来源、资金的所在和资金的用途等对资金进行归类，我们将这种现象称为心理账户。传统的经济理论假设资金是"可替代的"，也就是说所有的资金都是等价的，那么1000元中奖获得的资金和1000元工资收入是等价的。我们使用中奖获得的资金和工资收入没有差别，然而，在人们的心目中资金通常并不是那样可替代的。人们倾向于把他们的投资武断地分配到单独的心理账户中，并根据投资所在的心理账户分别做出决策。

在实际决策中，人们自发地运用了局部账户进行判断，或者说是心理账户的局部组织在起作用。一般来说，人们通过三种心理账户对可选方案的得失进行评价。

（1）最小账户，仅仅与可选方案间的差异有关，而与各个方案的共同特性无关。

（2）局部账户，描述的是可选方案的结果与参考水平之间的关系，这个参考水平是由决策的背景所决定。

（3）综合账户，从更广的类别对可选方案的得失进行评价。

资料来源：阿克洛夫，戴蒙德，卡尼曼，等，2020.行为经济学经典［M］. 贺京同，宋紫峰，杨继东，等译.北京：中国人民大学出版社.

为什么说"人人心里有笔账"?

人们自认为深思熟虑过的行为常常会与符合经济运算法则的做法大相径庭。当和朋友来到了一家环境雅致、菜品昂贵的日料店就餐,点餐时不会购买餐厅2元一包的纸巾,而会使用自带的纸巾。回想起这种行为属实让人有些哭笑不得,究其原因,是人们心底的"心理账户"在发生作用。

心理账户的现象最早由经济学家萨勒提出。人们的心底都有两个账户,一个是经济学账户,一个是心理账户,而心理账户的存在影响我们的消费决策。在经济学账户里的一元钱就是一元钱,只要绝对量相同就是可以相互替代的。而在心理账户中,人们会格外重视"损益-得失"的框架,对每一元钱的重视程度显然是不同的,会根据不同来源、去向何处来决定。人们不追求理性认知上的效用最大化,而是追求情感上的满意最大化。比如,辛苦赚来的工资和中彩票的奖金我们不会视为相同,一次性的大额支出与花呗分期我们也不会同等看待。因此,心理账户中情感对于决策的影响极大。

市场营销专家们常常对人们的心理账户加以利用,使得人们做出一些不理性的消费决策,从而增加企业销售利润。下一次,当我们遇到关于"钱"的决策时,不妨慢一点,分析心理账户的效应,减少非理性消费。

看电影实验

1. 实验设计

假设你要看电影,花10元买了一张电影票,当你到电影院时,发现票丢了。你愿意再花10元买一张票吗?实验设计者还安排了另一组实验,实验的情景是:假设你要看电影,需要10元去买一张票,当你到电影院时,发现丢了一张10元的钞票。你会愿意再花10元买一张票吗?

2. 实验结果及分析

在前一组实验中,200名测试者中46%的人表示愿意,54%的人表示不愿意。在后一组实验中,83名测试者中88%的人表示愿意,12%的人表示不愿意。

为什么有这么多人在丢了票后不愿意花10元再买一张,而丢了10元后却仍愿意重新买票?这同样是心理账户在起作用。可以将看电影视为一个交易,用买票的成本去交换看电影的经历,买第二张票将会增加看电影的成本,这个成本超过了人们愿意接受的程度。相反,丢掉的钞票却没有被列入看电影的成本,因而不至于影响对看电影的意愿。

心理账户是经济领域中人们普遍存在的一种心理特征,对人的决策行为起着十分重要的影响,并且可以解释金融市场中的很多现象。由于心理账户的存在,个人投资者自然地认为在他们的投资组合中有一个受最低风险保护的安全部分和一个涉及投资致富的风险部分,资产在不同的心理账户中,风险承受能力自然不一样。人们的收入主要来自三类,分别为当前的工薪收入、资产收入和未来收入,人们把这些来源不一样的收入也分别放入不同的心理账户,从而出现了区别地支出这些不同收入的现象,比如人们不愿意支出未来收入,即使它肯定会到来。心理账户还可以对金融市场的许多异象进行解释,如弗里德曼-萨维奇之谜、一月效应等。

资料来源:饶育蕾,盛虎,2010.行为金融学[M].北京:机械工业出版社.

为什么商品定价采用"九九尾数定价法"?

你有没有买过淘宝9.9元包邮的商品?有没有看过服装店39元起的大甩卖?日常生活中,我们经常会看到商店的商品标价为9.9元、19.9元、29.9元的现象。一般来说,人们对于数字总是喜欢凑个整数,抹个零头,那为什么会出现商品定价采用"九九尾数定价法"?

首先,9这个数字在中国传统文化里是一个吉利的数字。9的谐音是久,用来表示长长久久、天长地久,深受人们的喜爱。消费者为了图个吉利往往偏爱以6、8、9为尾数的价格。

其次,消费者通常追求物美价廉,对商品价格较敏感。通常,99元的商品被我们归为不到100元的档次,而100元则被归为100元以上的档次,这就上升成了几十元钱和几百元钱的区别了。这种微妙的对比会让消费者觉得99元更加划算,尽管实际上消费者并没有占到什么便宜,商家也没有什么损失,却无形中让商家增加了销量,让消费者得到了满足。这便是商家在营销策略上的尾数定价法。由于消费者"心理账户"的存在，个体在做决策时往往会违背经济运算法则，从而做出许多非理性的消费行为。生活中经常有这种情况发生，当我们对某个商品很感兴趣时，我们首先会对该种商品有一个心理预期的价格。询问价格后，如果觉得太贵就不买了，这就是我们认为该商品不值这个价，没有满足心理账户对商品的预期。而当商家通过九九定价法给商品降了一个价格档次，满足了消费者对商品的心理预期，消费者自然心甘情愿地为商品花钱。

左位偏差

尽管4.99元只比5.00元少了一分钱，但买者不会这样看它。由于再多加一分钱便可使最左边的数字从4增加到5，这种变化可能对消费者的行为有相当大的影响。这种对最左边位置的非理性关注被称为左位偏差。

在一项研究中，让参与者选择购买两种不同的笔，一种便宜，另一种质量好一些，也贵一些。当笔标价2.00元和3.99元时，44%的人购买更贵的笔。当价格是1.99元和4.00元时，只有18%的人购买更贵的笔。对如此小的价格变动产生如此重大的行为变化看起来很难与标准的理性模型一致，但如果设想消费者过度关注最左边的数字，就很容易理解这种情况了。对消费者来说，第一次看到的价格像是2元和3元，而第二次看到的价格像是1元和4元，所以从第一次到第二次的变动可能看起来比实际的大。

左位偏差的另一项研究是考察汽车里程表的里程数如何影响二手车的价格。该项研究考察了拍卖市场上销售的几百万辆二手车的数据。毫不奇怪，行驶里程数多的汽车卖出的价格低，但影响并不平均。例如，当里程表上显示从78000英里（1英里＝1609.34千米）增加到79000英里（最左边位置的数字相同）时，汽车的价格下跌10美元。但是，当里程表显示从79000英里增加到80000英里（最左边的数字增大）时，价格下跌了210美元。在每个10000英里的节点（里程表最左边的数字变动时），二手车的价格都大跌。无论是在看价格还是在看里程数时，买家看来都受到了最左边数字的非理性影响。

资料来源：曼昆，2020.经济学原理：微观经济学手册[M].8版.梁小民，梁砾，译.北京：北京大学出版社.

数字连乘实验

1. 实验设计

某高校学生被要求在5秒内对一个算式的结果进行估计。

一组学生所给出的算式是：8×7×6×5×4×3×2×1

另一组学生所给出的算式是：1×2×3×4×5×6×7×8

限定这么短的时间，为的是不让被试者做完整的计算。为了迅速回答这类问题，大多数被试者的算法是：先计算前几步，得到一个初始值（锚），然后进行（不充分）调整做出回答。由于调整是有限的，第一个算式的初始值较高，因此得出的估计值也较高；而第二个算式的初始值较低，因此得出的估计值自然较低。

2. 实验结果及分析

降序那组学生估计的均值是2250，升序那组学生估计的均值是512，而这两个算式的正确答案都是40320，可以看出两组学生给出的估值与正确答案的差别很大，而值得注意的是，两个估值之间也存在很大的差异。这两个算式仅在乘数数字排列上有所不同，前者从大到小，后者从小到大。可以认为被试者是在对问题做出了最初的几步运算以后，就以获得的初步结果为参照来调节对整个算式的估计。最初几步运算的结果产生了锚定效应，以后的调整均不够充分，未达到应有的水平，说明了调整策略的局限性。

为什么人们总会被高折扣的商品吸引？

日常生活中，我们经常会遇到这样的事情，同样是3000元可以买到的衣服，如果原价为6000元现在5折促销，就要比标价3000元的衣服更吸引人。人们总是会被高折扣的商品吸引，这是怎么一回事呢？

这就是经济学中的锚定效应。当消费者需要对商品进行定量估价时，会将某些特定的价格作为起始值。而商品的原价就是商家给消费者提供的一个锚。之所以人们对买打折的商品如此偏爱,是因为商品的折后价格与它们原来的价格对比来说,看起来降低了。换句话说,商品的价格比人们的心理预期低了。这个时候,人们就很容易产生购买欲望。很多商家在做打折促销活动时都会写上原价是多少,打折之后价格是多少,且大部分商家会将原价提高,从而促使消费者购买。

如京东、天猫的"双十一"大促销正是利用了这一点。很多商家在"双十一"促销活动之前都会写上原价是多少,"双十一"时打折促销价格是多少。其实大部分商家会将原价提高,再在"双十一"打折时降回原来的价格。但这并不妨碍消费者认为自己省了钱,不会过于在意自己花了多少钱。因为人们都有占小便宜的心理,消费者心里认为占了便宜,购买意愿自然也就增加了。

经济学告诉我们,人们在做决策时会不自觉地受最初所获得的信息影响。在我们的生活中还有很多这样先入为主的例子,就像买煎饼馃子时老板会问你加两个鸡蛋还是加一个鸡蛋,你本能选择了加一个鸡蛋,却忘了其实可以有不加鸡蛋的选择。

羊群效应

羊群效应也就是"从众行为",是指行为上的模仿性和一致性。该词源于生物学对动物群聚行为的研究。

引申到人类社会,便表现为采用同样的思维活动、类似的行为,心理上依赖和大多数人一样思考、感觉、行动,以减少采取行动的成本,获得尽可能大的收益。

延伸到金融市场,借用生物学上羊群的群聚行为的概念,指代投资者在信息不确定的情况下,行为受到其他投资者的影响,模仿他人决策,或者过多依赖舆论,而不考虑私人信息的行为。大量证据显示,投资者的羊群效应既不利于个人的投资收益,也不利于金融市场的稳定。对投资者而言,受羊群效应的影响,其在市场中获得的收益率比较低,而对整个金融市场而言,羊群效应所导致的群体一致性行为会促使股票价格对价值的偏离,形成一种正反馈机制,导致股票市场的非理性繁荣与恐慌,加剧了股票市场的系统性风险。

金融投资决策中的羊群效应是普遍存在的，其发生的原因可以归纳为以下几个方面。

（1）投资者的信息不对称、不完全。模仿他人的行为以节约自己搜寻信息的成本。人们越是缺少信息，越是容易听从他人的意见。

（2）推卸责任的需要。后悔厌恶心理使投资者为了避免个人决策失误可能带来的后悔和痛苦，而选择与其他人相同的策略，或听从他人的建议，因为这样的话，即使决策失误，投资者也能从心理上把责任推卸给别人，而减轻自己的痛苦。

（3）减少恐惧的需要。人类属于群体动物，偏离大多数人往往会产生一种孤单和恐惧感。

（4）缺乏经验及其他一些个性方面的特征，如知识水平、智力水平、接收信息的能力、思维的灵活性、自信心等都是产生羊群效应的影响因素。

资料来源：阿克洛夫，戴蒙德，卡尼曼，等，2020.行为经济学经典[M].贺京同，宋紫峰，杨继东，等译.北京：中国人民大学出版社.

为什么人们愿意去排长队的网红餐厅就餐？

同样是餐厅，一家是排着长队的网红餐厅，一家是门庭冷清的普通餐厅，饥肠辘辘的你会选择哪一家呢？大部分人都宁愿忍着饥饿排队也要吃网红餐厅，而不愿意去门庭冷清的普通餐厅。

在互联网高度发达的今天，网红商品广告让人眼花缭乱。消费者注意力稀缺的同时，审美的需求在提升。受到网络影响，决定消费者行动的信息渠道已经从线下的身边人转到网络世界。大量商品信息涌入消费者视野，导致挑选与比较需要花费大量的时间成本，因此消费者更加倾向于选择网络热门商品。

人们带着一种好奇心：既然是网红餐厅，受到这么多人的追捧，一定是因为菜品足够美味，环境足够独特吧？请小心，此刻你也许就成了羊群效应中的"羊"。

羊群效应在经济学中常被用来形容个体的跟风行为，也被称为从众心理。比如，当羊群中的领头羊发现了不远处的青草，其他羊便会接收到信号一拥而上地哄抢。而羊群效应也常导致盲从的人陷入骗局。

在排队这个事例中，网红餐厅的口味究竟如何已经不再重要，消费者只是机械地接收到网红餐厅"口碑好"这一信号。"大家认可的,就是好的,或者至少是值得信赖的"。羊群效应中的"羊"已经不再拥有自己的判断,而是任由自己的内心情感与刻板印象进行决策,由此做出的决策常常是违背经济学理性原则的。

我们效仿他人的脚步,其实是害怕自己做出错误的选择,害怕会因此丧失机会成本,走更多的弯路。害怕丧失机会成本本身没有错,但只有保持自身独立性,相信自身的判断力,才能更好地培养独立思考能力、自我行为能力。

郁金香泡沫

郁金香是一种难以短时间大量繁殖的植物,从种子开始培育可能需要3到7年的时间。郁金香的发源地据说是天山山脉。在16世纪时郁金香经由商人在欧洲各地广为传播。1593年,多种郁金香球根被带到莱顿大学研究和栽培,郁金香开始传入荷兰。1610年前后,最初被郁金香的美丽所吸引的是一些富裕的植物爱好者,因为郁金香的球根一开始就是高价商品。之后经由这些园艺家和植物爱好者自行改良后,产生了许多有名的郁金香品种。单色的品种价格较为便宜,但是也要1000荷兰盾以上,随着越来越受大众喜爱,其价格逐渐攀升。除此之外,还有很多杂交品种,价格更是节节高升。

1634年前后,大受欢迎的郁金香引起了投机分子的注意,他们对于栽培或是欣赏郁金香没有兴趣,只是为了哄抬其价格获取利润。此时郁金香在各大城市的需求量日渐增加。这些投机分子有计划地行动,有人因此一掷千金,当时甚至还产生过一个高级品种的球根交换了一座宅邸的纪录。郁金香交易在短时间内让人一夜暴富的传言也在工匠和农民之间广为流传,吸引他们进入了这个交易市场,他们原本没有资金,所以只能从价格较低的品种开始交易。这种情况使得非顶级品种的郁金香价格也开始抬升,渐渐出现了因转卖而取得利益的民众。市场的交易模式自此开始改变,开始出现全年交易和引进了期货交易制度。

这种交易模式并非前往正式的证券交易所,而是前往酒店。交易也不需要使用现金或是现货的球根,而是提出一份"明年四月支付""那时候会交付球根"的票据,或是加上少许的预付款即可完成。这个预付款也并非只能使用现金，也可以是家畜或是家具，只要是可以换钱的东西都可以抵用。因此这样的票据转过数手后出现了连谁是债权人谁是债务人都不知道的情况。这种预付款制度也吸引了原本没有资金的投机者参加，从面包师傅到农民都加入了郁金香市场，因此需求量再次膨胀，就算是原本便宜的品种价格也飞涨起来。

直到1637年2月4日，郁金香市场上突然出现了大量抛售，泡沫破裂。郁金香的价格平均下跌了90%，最后那些普通的品种甚至卖不到一个洋葱的价钱，市场陷入恐慌，郁金香市场全面崩溃。成千上万的人在这场大崩溃中倾家荡产。它的终结不仅使城市陷入大混乱，而且一度演变为整个国家的经济危机，给荷兰留下了沉痛的教训。

资料来源：林巧燕，2008. 历史上几次大的金融危机［J］. 求是（22）：38.

为什么同类商品喜欢扎堆开店？

在生活中，你是否经常看到美食街、服装店、电器商城等都是同类商品扎堆开店？如果你是一家店铺老板，你会不会想，如果附近只有我这一家店铺，是不是所有的顾客都会来我这？为了解答为什么同类商品喜欢扎堆开店这个问题，我们需要考虑顾客和商家两方面原因。

从顾客方面来说，出于对商品性价比的考虑，顾客喜欢货比三家。但如果同类商品的店铺在地理上分布较为分散时，顾客会因为无法进行较多的对比，而减少前往该店铺的次数，他们更多地去同类商品扎堆的地方，以满足自己的购买需求和选择性需求。同时，人们去哪里满足消费需求，很多时候并没有目的性，这个时候顾客会选择先逛逛再决定。如果你单独在一个地方开店，顾客是不会去那个地方逛的，因为没有其他选择，因此商家只有将顾客转化为忠实客户才能继续营业获利。

从商家方面来说，俗话说"同行是冤家"，扎堆开店本应该竞争更激烈，收益更小。但实际上他们并不会因为其他门店的存在而生意不好，因为顾客的需求量不会因为店铺的分布而变化。如果单独开在一个地方，除非是打出了品牌，不然顾客是不会去只有一家该类商品的地方，因为这会极大地减小顾客的可选择性。而如果同类商家选择扎堆开店，便会吸引更多的顾客前来，极大地增加了客流量，顾客每家都会逛，所以每家都能有较好的销售量，这也是扎堆的优势。

我们也可以想到，如果在美食街里开了一家服装店，或者在电玩城里出售学习用品，虽然都是减小竞争力，但并不足够吸引顾客。因为顾客本来是为了美食或者电玩而来的，自然不会对其他商品感兴趣。而且因为只有一家店，顾客的可选择性很小，购买欲望也不会很高。当然，并不是所有商品都需要扎堆，如奶茶、小吃等价格不高又对人们吸引力较高的商品，基本上不需要扎堆。

为什么品牌广告不立足于商品本身？

"奇瑞：一切由我掌控""通用使你脱离平庸""只要它是福特汽车"这种不带信息量的广告语在汽车广告里尤为常见。雪山公路、美女型男、金属光泽，甚至有时候还将广告场景设置在野外，短短几十秒的广告少有介绍汽车产品本身信息的内容，甚至让人看得有些摸不着头脑。这个广告究竟在说什么？吸引受众的注意力的成本这么高，各大品牌为什么还要花大价钱投放如此多看似无用的广告呢？

事实上，即使看起来没有什么信息的广告，也能够涵盖关乎产品质量的某些信息。企业愿意花费大量的金钱来做广告，这本身就向消费者传递了一个所提供产品档次高的信号。这时广告的重点不是强调功效来增加销售量，而是树立良好的品牌形象以扩大企业的知名度，从而增加其市场份额。

企业之所以会斥巨资来做似乎没有多少产品信息的广告，是因为广告价值并不在于内容，而在于做广告本身极其昂贵的价格。消费者会联想到，企业愿意花这么多钱为产品做广告，这个产品肯定不错。此外，我们还可以观察到，各种产品之间广告量差别大，不同企业在广告支出上差异也很大：销售异质化消费品的企业通常把收益用于做广告，出售工业品的企业用于广告的支出一般很少，出售同质品的企业基本没有广告支出。

这与企业的经营策略有关。异质化消费品通常价格较高，目标人群相对较少，消费弹性较大，只有通过广告提升产品的曝光度，提升其在消费者眼前出现的频率，消费者的消费欲望才会提高，销售额也才能得到进一步增长。而同质品的消费弹性较小，已经有了较为稳固的客户群体和市场规模，价格和市场均趋于透明，企业很难再挖掘出利润空间，增加广告投入对企业意义不大。因此，销售异质化消费品的企业，如奢侈品、快消品等，更加热衷于做广告。

关于广告的争论

用于广告的资源是不是一种社会资源浪费？或者说广告是否服务于有价值的目的？判断广告的社会价值是很困难的，经常引起经济学家之间的激烈争论。下面我们来看一下争论的双方。

1. 广告的批评者

广告的批评者认为，企业做广告是为了操纵人们的爱好。许多广告是心理性的，而不是信息性的。例如，某品牌饮料的一个典型电视商业广告，这一商业广告并没有告诉观众产品的价格或质量，而很可能只是展现了一个情景：在一个阳光明媚的日子里，海边沙滩上有一群快乐的人正在举办派对，每个人手中都拿着一罐同样的饮料。这一商业广告的目的是传递一个信息：只要你喝我们的产品，你也能拥有众多朋友和快乐。广告的批评者认为，这种商业广告创造了一种本来不存在的欲望。

广告的批评者还认为，广告抑制了竞争。广告向消费者夸大了各产品之间的差别。通过增加产品差别和提高品牌忠诚度，广告使买者不太关心同类产品之间的价格差，因此使某一特定品牌的需求更缺乏弹性。在需求曲线缺乏弹性时，每家企业都要收取高于边际成本的价格加成。

2. 广告的辩护者

广告的辩护者认为，企业用广告向消费者传递所销售产品的性能、新产品和零售店的信息。这种信息可以使消费者更好地选择想购买的产品，从而提高市场有效配置资源的能力。

广告的辩护者还认为，广告促进了竞争。因为广告使消费者能更充分地了解市场上的所有企业，这样消费者可以更容易地利用价格差。因此，每个企业拥有的市场份额变小了。此外，广告使新企业更容易进入，因为它赋予了新进入者从现有企业中吸引消费者的手段。

资料来源：曼昆，2020.经济学原理：微观经济学手册［M］.8版.梁小民，梁砾，译.北京：北京大学出版社.

为什么不同尺码的衣服价格却相同？

小涵去商场逛街买衣服，看中一件衣服，衣服有很多不同的尺码，小至 S 码，大至 XXXL 码。虽然衣服尺码相差特别大，但这些尺码不同的衣服价格却都一样。

按理说，衣服尺码越大，生产该商品的成本越高，那么售价也应该更高。但是事实却并非如此，为什么尺码相差很大的衣服价格却是相同的？

首先，不同尺码的衣服成本相差很小。有调查显示大小码衣服的用料相差在 2%～5%，这些耗材对生产厂商来说并不算什么。在服装厂的日常生产中，几乎所有的衣服都是混杂在一起进行加工的，也就是说大码与小码的加工所需要消耗的时间基本一样的，由此看来大小码衣服的生产成本并未相差太多。

其次，如果生产商对不同尺码的衣服分别定价，那么需要管理的成本会大大增加。所以为了方便，减少管理成本，尺码不同的衣服其价格是相同的。这样也减少了对某些顾客身材的歧视。

最后，如果不同尺码的衣服价格不一样，便宜的小码衣服的需求将会更多，贵的大码衣服的需求将会更少。这样的需求将会对价格产生什么样的影响呢？便宜的小码衣服供不应求，卖家认为有利可图，自然会提高价格；贵的大码衣服卖不出去，卖家就会降价促销吸引消费者。所以价格不仅受到成本的影响，还会受到市场供求的影响。在市场这双无形的手的调节下，最终不同尺码衣服的价格也将趋于一致。

关 键 概 念

成本（cost）：是商品经济的价值范畴，是商品价值的组成部分。人们要进行生产经营活动或达到一定的目的，就必须消耗一定的资源，其所消耗资源的货币表现及其对象化称为成本。从另一个角度来看，成本也可以是做出某种选择必须付出的代价，当人们"舍鱼而取熊掌"时"鱼"便是人们的成本，当商家投资时，商家的付出货币等便是商家投资的成本。

成本与效益原则（cost-benefit principle）：在会计系统中，一项活动的收益必须大于其成本。一项活动（如编制一份具体的报表）的成本和收益，会影响内部和外部使用者的决策。

供给（supply）：经济学中所说的供给是指在某一特定时期内，对应一个给定的价格，生产者愿意且能够提供的商品数量被称为该价格下的供给量。

需求（demand）：经济学中所说的需求是指人们愿意和能够购买的物品量或者劳务量。

供需平衡（balance of supply and demand）：是指消除供需之间的不适应、不平衡现象，使供应与需求相互适应、相对一致，消除供需差异，实现供需均衡。供需平衡的实质是使市场上的商品供应量及其构成与市场上有货币支付能力的商品需求量及其构成保持平衡。

稀缺性（scarcity）：是指在获得人们所需要的资源方面所存在的局限性，即资源的供应相对需求在数量上的不足。稀缺性决定了人们在使用经济物品的过程中不断做出选择，如决定利用有限的资源去生产什么，如何生产，为谁生产，在稀缺的消费品中如何进行取舍，以及如何来满足人们的各种需求。只有当物品稀缺时，才能被认为是社会财富的一部分。

价格歧视（price discrimination）：又称价格差别，指厂商在同一时期对同一产品索取不同价格的行为。价格歧视既可以是对不同购买者制定不同价格，也可以对同一个购买者的不同购买数量制定不同价格。

羊群效应（herd effect）：也就是"从众行为"，是指行为上的模仿性和一致性。该词源于生物学对动物聚群行为的研究。

损失厌恶（loss aversion）：是指人们面对同样数量的收益和损失时，认为损失更加难以忍受。同量的损失带来的负效用为同量收益的正效用的 2.5 倍。损失厌恶反映了人们的风险偏好并不是一致的，当涉及的是收益时，人们表现为风险厌恶；当涉及的是损失时，人们则表现为风险寻求。

心理账户（mental accounting）：人们有根据资金的来源、资金的所在和资金的用途等对资金进行归类的现象，将这种现象称为心理账户。

锚定效应（anchoring effect）：当人们需要对某个事件做定量估计时，会将某些特定数值作为起始值，起始值像锚一样制约着估计值。在做决策时，人们会不自觉地给予最初获得的信息过多的重视。

税收（tax）：是指国家为了向社会提供公共产品、满足社会共同需要，按照法律的规定参与社会产品的分配，强制、无偿取得财政收入的一种规范形式。税收是一种非常重要的政策工具。

思 考 题

1. 我国有部分城市尝试过收取交通拥堵费，但最终都以失败告终。我国是否适合收取交通拥堵费？收取交通拥堵费该满足什么样的基本条件？为什么在我国收取交通拥堵费无法解决交通拥堵的问题？

2. 随着经济及科技的发展，大数据"杀熟"已经成为电商平台的常态，为什么会产生这样的现象？你有过这种被"歧视"的经历吗？

3. 日常生活中的很多现象都蕴含着深刻的经济学原理。例如，为什么常说"熟悉的地方没有风景"？为什么人们要进行分工合作？你身边还有哪些现象可以用经济学原理来解释？

参 考 文 献

陈仕华，李维安，2016.并购溢价决策中的锚定效应研究［J］.经济研究，51（6）：114-127.

樊行健，宋仕杰，2011.企业内部监督模式研究：基于风险导向和成本效益原则［J］.会计研究（3）：49-53.

黄赜琳，朱保华，2015.中国的实际经济周期与税收政策效应［J］.经济研究，50（3）：4-17.

廖理，崔向博，孙琼，2021.另类数据的信息含量研究：来自电商销售的证据［J］.管理世界，37（9）：90-104.

李海虹，邓州，何欣，等，2019.源于"反常"终于"常理"的禀赋效应［J］.心理科学进展，27（3）：393-404.

曼昆，2020.经济学原理：微观经济学手册［M］.8版.梁小民，梁砾，译.北京：北京大学出版社.

田利辉，谭德凯，王冠英，2015.我国大宗商品期货市场存在羊群行为吗？［J］.金融研究（6）：144-158.

王玉霞，2000.价格歧视理论中的若干问题［J］.财经问题研究（11）：18-21.

许年行，于上尧，伊志宏，2013.机构投资者羊群行为与股价崩盘风险［J］.管理世界（7）：31-43.

谢康，廖雪华，肖静华，2021.效率与公平不完全相悖：信息化与工业化融合视角［J］.经济研究，56（2）：190-205.

徐先艳，2021.当代青年"精致生活"的表现、成因及引导［J］.中国青年社会科学，40（2）：62-69.

张银玲，虞祯，买晓琴，2020.社会价值取向对自我：他人风险决策的影响及其机制［J］.心理学报，52（7）：895-908.

张学文，孙文松，2015.风险溢价与商品期货定价研究：基于标的稀缺性的视角［J］.经济学（季刊），14（3）：983-1004.

BARBER B M, ODEAN T, 2008. All that glitters: the effect of attention and news on the buying behavior of individual and institutional investors［J］.Review of Financial Studies, 21（2）: 785-818.

PROELL C, SHANA M, BONNER S E, et al., 2014. Mental accounting and disaggregation based on the sign and relative magnitude of income statement items［J］. Accounting Review, 89（6）, 2087-2114.

CHEN H, MARMORSTEIN H, TSIROS M, et al., 2012. When more is less: the impact of base value neglect on consumer preferences for bonus packs over price discounts［J］. Journal of Marketing, 76（4）, 64-77.

CHOI J J, LAIBSON D, MADRIAN B C, 2009. Mental accounting in portfolio choice: evidence from a flypaper effect［J］. American Economic Review, 99（5）, 2085-2095.

AKERLOF G A, SHILLER R J, 2010. Animal spirits: how human psychology drives the economy, and why it matters for global capitalism［M］. Princeton: Princeton University Press.

KAHNEMAN D, TVERSKY A, 1982. The psychology of preferences［J］. Scientific American, 246（1）: 160-173.

CHOI N, SIAS R W, 2009. Institutional industry herding［J］. Journal of Financial Economics, 94（3）: 469-491.

ODEAN T, 1998. Are investors reluctant to realize their losses?［J］. Journal of Finance, 53（5）: 1775-1798.

婚姻家庭中的经济学

- 为什么女性越来越能活出自我？
- 为什么倡导三胎后生育率未显著提高？
- 为什么说为人父母是一场修行？
- 为什么中国青年初婚年龄越来越大？
- 为什么婚姻市场中大龄男性比大龄女性有优势？
- 为什么婚姻是需要经营的？
- 为什么会出现"天价彩礼"？
- 为什么婚姻是两方社会关系的结合？
- 为什么稳定的婚姻家庭对孩子的成长更有利？

婚姻问题常被多数人认为是一个社会伦理、人类心理和生理问题。而马克思历史唯物主义指出，从人类婚姻关系形成初始，婚姻的选择与决定，变化与发展，关系的产生、存续和消亡，一直与经济有关并表现为经济问题。在现代社会，随着经济的发展和人们生活水平的提高，经济因素在婚姻中的作用愈发重要。

2023年诺贝尔经济学奖获得者克劳迪娅·戈尔丁对她的研究中指出：生育导致女性薪资降低。随着女性在教育和职业上取得的成就越来越显著，她们更倾向于减少生育，以规避由此产生的机会成本。此外，戈尔丁还强调了社会规范和期望如何塑造女性在生育和婚姻方面的决策。如今，女性仍然承担着家庭照顾者的主要角色，这可能限制了她们在职业上的发展。因此，即使在教育和职业机会方面取得了平等，家庭责任的不平等分配仍然是女性生育率不高的因素，同时也是初婚年龄越来越高的原因之一。

男性在婚姻中通常承担起家庭的经济责任。戈尔丁在其新书《事业还是家庭？女性追求平等的百年旅程》中提到：现代工作"贪婪"的性质，即需要长时间、高强度的工作投入，往往与家庭生活发生冲突，尤其是在有孩子或者其他家庭责任的情况下。在这样的工作性质下，为了家庭的经济福祉，往往需要一方牺牲个人时间，专注于工作，而另外一方则承担更多的家庭责任。在传统家庭分工中，男性负责工作，女性负责照顾家庭，这种分工模式可能会导致家庭内的不平等，削弱夫妻关系，甚至增加离婚的风险。

加里·贝克尔说："上帝目光所及，均可交易。"爱情作为一种社会现象源于经济基础，它的运作遵循着经济运行的基本规律。从经济学视角来看，婚姻可以被视为一种"合作交换"。找对象到结婚是一种从寻求市场、考察需求、认同交换条件到签订交换契约的过程。

本模块旨在讨论婚姻家庭中的经济学问题，即在既定的法律规制和道德框架内去诠释、去运用经济学理论进行分析婚姻与家庭中的经济现象和规律。帮助读者在学习经济学知识的基础之上，认识到家庭婚姻经营的不易，从而树立正确的爱情观、婚姻观。

为什么女性越来越能活出自我？

2021年6月28日，"00后"女孩古慧晶获得广东省职业技能比赛汽车机电维修大赛项目一等奖，她在参赛之前说：任何行业都可以有女性参与，不要存在偏见。如今，越来越多的女性敢于打破行业偏见，追求精神独立和人格自由。为什么女性越来越能活出自我？

女性有了经济独立的机会，也就拥有自主选择的权利。戴尔·卡耐基在《女人的格局决定结局》中写道：经济独立的女性有能力创造幸福。她们不需要取悦和依赖男性。可以看出，经济独立也是女性能够活出自我的原因之一。旧时的农耕社会中，劳动生产力是由体力决定的，力量从一定程度上来说是男性的先天优势，所以形成了男权社会，女性总是被当作男人的附属品，不结婚也就意味着没有经济来源。而如今的女性能够依靠自己的双手和智慧建立经济基础，是否结婚也由她们自己的个人意愿来决定，在自己建立的经济基础带来的安全感之上，她们能够发挥自己的主观能动性去尝试、去挑战，在人生的道路上活出自我。

从根本上来说，是因为女性掌握了一定的社会生产权。从社会倡导男女平等，为女性提供受教育和求职的权利开始，女性力量就开始在各个领域大放异彩，为社会的发展贡献力量，同时意味着压迫女性和拒绝女性的成本不断增加。在经济学中，商业公司利用一定的时间或资源生产一种商品时，所失去的利用这些资源生产其他最佳替代品的机会就是机会成本。机会成本也泛指在做出选择后其中一个最大的损失，社会承担不起否定女性力量所造成的高昂的机会成本，所以越来越愿意为女性提供更多的选择，让女性在其人生一次又一次的自主选择中活出自我。

此外，随着网络媒体的发展，女性意识的传播也越来越广。一些女性受到原生家庭的观念影响，如遭受重男轻女的对待等，于是对女性有着"应该温柔内敛、安稳懂事"的刻板印象，认为需要以牺牲自己的发展来满足父母的期许、服从家庭的安排。但在如今，大家能通过网络平台，看到多姿多彩的女性人生，倾听女性的心声，与此同时她们也意识到自己有更多的可能，从意识的觉醒出发活出自我。

为什么倡导三胎后生育率未显著提高？

2021年5月31日中共中央政治局召开会议，提出了进一步优化生育政策，实施一对夫妻可以生育三个子女政策及配套支持措施。

据国家统计局数据：2018年年末全国总人口为139538万人，人口出生率为10.94‰；2022年2月28日发布的《中华人民共和国2021年国民经济和社会发展统计公报》中显示，2021年年末全国总人口为141260万人，比上年末仅增加48万人，出生率为 7.52‰。2022 年 2 月发布的《中国生育报告》显示：由于生育成本过高、女性难以兼顾家庭和工作等原因，中国人的平均生育意愿（理想子女数）几乎是世界最低的。根据国家卫健委公布的 2021 年我国卫生健康事业发展统计公报，2021 年出生人口为 1062 万人，二孩占比为 41.4%，三孩及以上占比为 14.5%。据此计算，2021 年，一孩出生数量为 468.3 万人，二孩出生数量为 439.7 万人，三孩及以上出生数量为 154 万人。值得注意的是，这也是多年来，我国一孩出生数量首次跌破 500 万人大关。数据显示，2021 年一孩出生数量仅为 2016 年的 51.8%，也就是说，5 年来，一孩出生数量下降了 48% 左右。

为何三孩政策实施以来，我国生育率并没有得到显著提高？

国家卫生健康委员会副司长杨金瑞在"关于优化生育政策、促进人口长期均衡发展的决定"新闻发布会上表示：出生人口继续下降，老龄化程度加深，生育、育儿和教育负担已成为制约人们生育的主要因素。三孩政策开放后，适龄夫妇主要是"80后""90后"，而他们出生时，正处于独生子女政策实施期间，如今夫妻二人需要赡养双方共四位老人，对普通家庭来说已经是不小的压力。在高昂的育儿成本下，适龄夫妇生育小孩后的生活压力更是不言而喻。从经济学的角度来看，机会成本泛指一切在做出选择后其中一个最大的损失，选择生孩子也就意味着高昂的育儿成本，对于女性，做出生育选择后的最大损失还可能是个人职场发展的受阻，这种损失影响了女性的生育意愿，从而导致生育率的降低。

此外，随着社会的发展，人们受教育程度越来越高，根据 2023 年全国教育事业统计数据显示，我国 2023 年在学研究生 388.30 万人，其中在学博士生 61.25 万人，在学硕士生 327.05 万人，较长的学制时间往往导致一些人处于最佳生育年龄时还不具备生育孩子的经济基础和物质条件，而循证医学数据显示，35 岁女性拥有健康后代的机会只有 25 岁女性的一半，所以一些高学历的群体因为错过了最佳生育年龄而不敢生，由此导致了生育率的降低。

除了客观条件，人们观念的变化也是导致生育率未得到显著提高的重要原因。随着经济条件的改善和社会福利制度的完备，人们不再受"多生孩子增加劳动力从而摆脱贫困"这一观念的影响，也渐渐摆脱了"养儿防老"的束缚，大量西方思想的涌入对我们产生了强烈的影响，从团结就是力量、人多力量大、以家庭集体为中心的传统集体主义思想，逐渐转变成自我追求、自我实现的个人主义思想，许多年轻人本着人生要更多地为自己而活的态度逃避婚育，也造成了生育率的降低。

生育政策、人口年龄结构优化与经济增长

人口年龄结构日益失衡正成为一个全球问题，突出的两个表现是少儿人口占比过低和老年人口占比过高。世界银行数据库显示，2017年世界14岁及以下人口占总人口的平均比重已降至25.94%，而2017年65岁及以上人口占总人口的平均比重已升至8.70%，这意味着全球已经步入老龄化社会。其中，人口结构失衡特别严重的地区是欧美和东亚，这些地区14岁及以下人口占总人口的比率都低于20%，而65岁及以上人口占总人口的比率都高于10%。就全球排名前十（2017年）的经济体而言，这些经济体（印度除外）的少儿人口占比都远低于相应的世界平均占比，而老年人口占比都远高于相应的世界平均占比。根据《世界人口展望（2017年修订版）》，全世界60岁及以上人口占比为13%，并以每年约3%的速度增长。其中，欧洲60岁及以上人口占比最高，将从25%上升到2050年的35%；非洲60岁及以上人口占比最低，将从5%上升到2050年的9%。此外，拉丁美洲和加勒比地区、亚洲、北美地区、大洋洲的60岁及以上人口占比将分别从12%、12%、22%、17%上升到2050年的25%、24%、28%、23%。

人口结构失衡会给经济社会的可持续发展带来诸多不利影响。一方面，老龄化加重了国民的抚养负担，从而增大了社会保障的压力；另一方面，少年儿童比重下滑引起劳动力的相对减少（甚至绝对减少），进而弱化了家庭养老功能。为了改善人口结构以及保持经济社会的可持续发展，许多国家已经出台了各种鼓励生育或提高生育意愿的相关政策，例如，日本的父母休假法、德国的高额福利津贴、韩国的保障性住房、新加坡的由两个就够到鼓励多生政策等。这些生育政策的出台充分说明了人口结构失衡对经济增长的影响已经引起了各国政府的高度关注。然而，关于人口老龄化是否阻碍了经济增长这一重要议题，已有研究却并没有得出一致性的结论。更为重要的是，由于人口结构在不同的国家存在较大的差异性，因此适用于一些国家的经验结论可能并不适用于其他国家。这意味着非常有必要从全球视角研究人口结构对经济增长的影响。值得一提的是，与大多数发达国家相比，中国人口老龄化出现在经济发展相对较早的阶段，一些学者对此表现出了"未富先老"的担忧。因此，研究人口结构变动对经济增长的效应及作用机制对中国更具有现实意义。

关于人口结构对经济增长影响的已有研究，要么侧重于整体人口结构，要么侧重于人口结构的某一个维度（如生育率或预期寿命），较少有研究同时分析生育率和预期寿命对经济增长的共同影响。事实上，人口结构的动态变化是生育率（出生维度）和预期寿命（存活维度）的综合反映。一方面，如果只是研究整体人口结构，那么往往会得出"只知其然，而不知其所以然"的研究结论，这将难以提出有效的政策建议。另一方面，如果只是研究人口结构的某一个维度，那么这将难以综合评估人口结构对经济增长的影响。因此，为了厘清人口结构对经济增长的作用机制，同时为了提出更为有效的政策建议，非常有必要对人口结构进行分解，从而更深入地分析人口结构变动的各个因素与经济增长之间的关系。

资料来源：王维国，刘丰，胡春龙，2019. 生育政策、人口年龄结构优化与经济增长 [J]. 经济研究，54（1）：116-131.

为什么说为人父母是一场修行？

日本作家伊坂幸太郎在《一首小夜曲》中写道：一想到为人父母居然不用经过考试，就觉得真是太可怕了。的确，初为父母，会有太多新的经历和考验。为人父母，事实上就是一场经济与精神的修行。

为人父母，是一场经济上的修行。养大一个娃到底需要多少钱？任泽平等在《中国生育成本报告（2022版）》中给出了答案。全国家庭0～17岁孩子的养育成本平均为48.5万元；0岁至大学本科毕业的养育成本平均为62.7万元。从孩子出生的奶粉钱到幼儿早教班，再到后来的培训班等，培养好一个孩子，不仅需要花费时间和精力，还需要坚实的经济基础。不少父母感慨：养娃处处都要花钱，根本不敢计算花了多少钱。让孩子拥有良好的学习环境、宽广的视野，这些看起来美好的希望，都建立在经济基础之上，经济上的修行道阻且长。

为人父母，更是一场精神上的修行。从成本收益理论的角度来看，生产者最终的目标是实现利润最大化，而要实现这个目标，不仅要考虑物质基础，还要考虑成本收益之间的经济关系，而父母对孩子的爱，却是世界上完全不计成本与收益的爱。领导希望我们努力上进，朋友希望我们善解人意，恋人希望我们温柔体贴，而父母，只希望我们快乐就好。在这场修行中，父母抛掉了自己的任性和软弱，在一定程度上牺牲了自己的事业成就，尽全力投入成本而不求利润收益，他们不强求孩子有多大的成就、不强求孩子能给自己有多少回馈，而只盼望孩子健康快乐。这场无私精神的修行，从一开始就是爱的奇迹。

家庭经济学

现代微观经济学的新发展趋势之一是研究从经济学向其他领域扩张，其与社会学的交叉领域则为家庭经济学。家庭经济学是现代经济学研究深入微观、以家庭为研究对象的经济学分支。家庭经济学主要研究家庭的消费、生产、理财等经济活动。对分析社会状况、解决社会问题有很大帮助。家庭经济学渊源于古希腊思想家色诺芬的《经济论》。19世纪末美国一些高校开设了家庭经济学专业。近年来家庭经济学已发展成为微观经济学的一个独立分支。其代表人物是美国芝加哥大学的经济学和社会学教授加里·贝克尔。他由于创造性地运用微观经济学方法成功地分析了大量的社会学问题，获得了1992年的诺贝尔经济学奖，成为家庭社会行为研究的开创者。在贝克尔的理论中引入时间的机会成本概念，研究了广泛的家庭行为，如生育行为、婚姻市场以及家庭劳务分工问题等。

贝克尔认为，家庭活动不仅是一种单纯的消费活动，还是一种生产活动，它生产某种"满足"。任何生产行为都可以看成是为获取一种产出而需要耗费的各种投入的组合。为了获得最大的满足，家庭既大量使用从市场上购买来的各种消费性商品和家庭生产所需要的生产资料性商品，同时还使用时间资源。家庭所耗用的这些人力资源、物质资源和时间资源又总是有限的、稀缺的，所以家庭的决策就是努力使家庭资源的效用最大化。在这里，货币收入与时间收入相加，便构成了家庭成员为获得效用的、满足目的所拥有的收入总额。家庭这个生产者跟其他理性的经济人一样，每天都要进行投入与产出相比较的生产决策，合理地分配以试图达到最佳组合，以求得家庭成员在收入和时间的双重约束下获取最大的满足，实现家庭生产效用最大化的目标。

性别认同与家庭中的婚姻及劳动表现

性别认同是社会身份认同（social identity）的一种。人们通常根据属性对自己和他人进行分类，不同社会分类的群体被默认有不同的行为表现，背离社会群体的默认表现将付出相应的代价，因此会影响个体的经济行为及产出。已有研究表明，西方国家家庭中存在"丈夫收入应多于妻子，男性负责赚钱，女性负责照顾家庭"的性别认同（gender identity），而这会致使女性劳动力行为扭曲和结婚率下降，不利于人力资本的积累、家庭的和谐乃至社会的稳定。我国"男主外，女主内"的性别观念根深蒂固，在封建时代"三从四德"的儒家礼教文化影响下，"内外有别，男尊女卑"观念盛行了几千年。中华人民共和国成立之后，我国政府努力推进妇女解放运动，提出"妇女能顶半边天"的宣传口号，鼓励女性像男性一样成为家庭的经济支柱。这种政策引导很大程度上提高了女性在家庭和社会中的地位，促使我国的女性劳动参与率处于较高水平。根据世界银行2017年的统计数据，我国15岁以上女性劳动参与率达到61.5%，在187个国家（地区）中排在第44位。然而，性别平等意识的渗透和女性劳动参与率的提高或许没有撼动我国根深蒂固的性别认同观念。根据世界经济论坛2017年的《全球性别差异报告》中的数据，中国在144个经济体的性别平等总体排序中仅排第100位。

根据2005年人口普查数据和2010—2014年家庭追踪调查数据研究我国的性别认同观念对婚姻及劳动表现的影响。研究发现，中国存在明显的"男主外，女主内"的性别认同。在婚姻市场中，女性收入高于男性收入比例上升时，会导致结婚率下降和平均初婚年龄延迟。在工作上，性别认同导致家庭中女性工作扭曲，当妻子潜在收入可能高于丈夫的概率升高时，女性会选择退出劳动力市场或者选择低于其潜在收入的工作。背离性别认同会影响家庭劳动分工和长期工作维持，甚至额外增加家庭劳动时间来弥补对性别认同的违背。在婚姻关系上，与西方研究结论不同，整体来看，性别认同对于中国家庭的婚姻稳定性冲击影响较小，但随着背离程度加深，离婚率有所上升，对配偶经济和家务贡献度满意率有所下降。在子样本回归中，我们还发现农村户口、低学历、结婚年限长和有孩子的女性受到的性别认同冲击影响更大。

资料来源：续继，黄娅娜，2018.性别认同与家庭中的婚姻及劳动表现[J].经济研究，53（4）：136–150.

为什么中国青年初婚年龄越来越大？

根据《中国人口普查年鉴（2020）》的数据显示，2010年中国人平均初婚年龄为24.89岁，男性平均初婚年龄为25.75岁，女性平均初婚年龄为24岁。2020年中国人平均初婚年龄上升到了28.67岁，男性平均初婚年龄为29.38岁，女性平均初婚年龄为27.95岁。也就是说，10年间，平均初婚年龄推后了近4岁。其中，男性平均初婚年龄推后了3.63岁、女性平均初婚年龄推后了3.95岁。目前，已经有一些地方的平均初婚年龄突破了30岁大关。初婚平均年龄普遍推迟，这是为什么呢？

一方面，结婚成本越来越高。一直以来，婚姻的形成都离不开经济基础的支撑。在中国，虽然自古以来崇尚大家庭生活，但当下年轻人独立居住的意愿越来越强烈，且彩礼、嫁妆等婚姻支出从古至今一直存在，如今更是随着经济进步而水涨船高。当婚姻被赋予了物质化的外壳时，能否满足物质需求将成为进入婚姻的重要门槛。近几年彩礼不断升高，20万元以上的彩礼是很常见的，外加房子、车等，所以结婚需要一大笔资金。年轻人只有奋斗十几年才有可能结得起婚，因此现在的年轻人很多人不是不想早结婚，而是暂时结不起婚。结婚之后，养孩子又会是一笔新的庞大支出，这样沉重的经济负担也恰恰证明了：结婚绝不是终点，而是起点。

另一方面，人们对于婚姻的偏好已逐渐改变，而教育在背后起着不可忽视的作用。高等教育规模的扩大意味着因教育而推迟初婚的人会越来越多。受教育程度的提高意味着在校时间的延长，客观上推迟了初婚时间。更重要的是，教育作为提升人力资本的重要渠道，增加了在劳动力市场的预期收益，但同时也加剧了劳动力市场的竞争。为了能在社会上站稳脚跟，年轻人不得不在工作上投入大量的时间和精力，"先立业后成家"是基于成本–收益博弈后的最优决策。特别是对于女性而言，受教育程度的提高可以帮助其走出传统的家庭性别分工，使其在经济上更加独立。

为什么婚姻市场中大龄男性比大龄女性更有优势？

由于重男轻女现象的存在，我国目前适婚男女比例严重不平衡，适婚男性要比适婚女性多出 3000 万人。在这样的状况下，大龄剩男这个群体逐步壮大。尽管不少人觉得大龄剩男讨不到媳妇，但在婚恋市场上，大龄剩男反而是香饽饽，在某些职业相亲中介公司，对大龄剩男的收费要低于对大龄剩女的收费。这是为什么呢？

从生育年龄来看，由我国北方、南方 15 个城市 500 多名医护人员协作，历时 8 年完成的一个研究课题显示：中国女性的最佳生育年龄为 24～34 岁，如果 35 岁生第一胎，即为高龄初产妇，难产率明显提高，对母婴均不利，容易影响新生儿质量。生育年龄过晚，受孕后胎儿畸形率逐年升高，痴呆症发生率也会随母亲生育年龄的增长而增高。由于大龄女性面临的生育风险太高，很多男性不愿意选择与她们结婚。

另外，大龄男性和大龄女性在生理特征上是有区别的。从医学研究来看，男人更有优势，32 岁是女性细胞新陈代谢变慢的一个分水岭，40 岁以后，更是明显。而男性抗衰老能力至少优于女性 2 倍。因此对于男性，社会的包容度更强一些，因而在婚恋市场上，即使是大龄剩男，也拥有较好的资源。

男性与女性的择偶观大不相同

根据在 Hot or Not 网站进行的研究显示，性别取向的区别与人们关于约会和性别的常规模式相吻合。就拿人们一般的观念举例，男性约会不像女性那么挑剔。事实表明，这个观念并非空穴来风：男性向中意的女性发出约会邀请的可能性相当于女性发给男性的 240%。

数据还证实了一项随意观察的结果，男人对女人漂亮与否的关注度大于女人对男人漂亮与否的关注度（它同时与另一个发现有关，即男人对于自己本身的漂亮程度并不那么在意）。最突出的是，男人怀有比女人更高的期望值，男人对他们选中的女人的漂亮程度非常重视，他们很容易爱上比自己漂亮得多的女性，也就是按照 Hot or Not 排行榜数值比他们高出许多的女性。

顺便提一下，男人容易邀请多名女人约会，希望找到比自己漂亮得多的女人（有人会把它看作缺点），美其名曰：男性约会的开放心态。

资料来源：艾瑞里，2010. 怪诞行为学：非理性的积极力量［M］. 2版. 赵德亮，夏蓓洁，译. 北京：中信出版社.

为什么女人往往嫁给年纪比自己大的男人

法律经济学家劳埃德·科恩写过一篇很有意思的文章，名字叫《结婚、离婚和准租》，他说题目也可以叫《我把最美好的年华给了他》。

科恩在这篇文章里解释说，男性跟女性的价值高峰期不一样。通常我们怎么称赞女人？我们说她年轻、漂亮、身材好，这些都跟生育有关，而生育发生在人生的早期。我们通常怎么称赞男人呢？我们说他有事业、有成就、有安全感，而这些品质通常都发生在人生的中年，甚至中老年。

在高中、大学期间，女性的价值已经彰显出来的时候，男性的价值还远远没有彰显。这时女性的追求者比较多，女性就比较挑剔。跟女性同龄的那些男性要追求这些女性的话，就显得比较吃力；而那些较为年长的男性，优势就比较突出，因为他们的才能和价值已经逐渐彰显出来。

如果一位女生在大学期间就跟同班同年龄的男生谈恋爱结婚，那会发生什么事情呢？她会先对家庭做出各种投入：养育孩子、照顾家庭、扶持丈夫。随着时间的推移，那位丈夫会逐渐积累他的资本，走上事业的高峰，拥有越来越多的选择机会；与此对照，女性生理上的价值，却会随着时间的推移而逐渐降低。这时候男人就增加了背叛女人的概率。

这种情况正在谈恋爱的女人知道吗？她们知道。即使她们不知道，她们的父母也知道。"女怕嫁错郎"，女孩的家长会教育女儿要以小见大，带眼识人。

如果女人找一位年纪比自己大、个人价值已经彰显出来的男人，那么这段婚姻的不确定性就会减少，婚姻关系就会比较牢固。这就是为什么大多数女人会嫁给年纪比自己大一点的男人，而如果有第二次结婚的可能，男人会娶比自己年纪小更多的女人的缘故。

当然这篇文章所谈的只是问题的一个侧面。今天随着科技的进步、女性受教育机会的增加,现代女性的价值早就不单靠生育价值来展现了。教育、修养、见识都是男人和女人越来越重要的品质。

资料来源:薛兆丰,2018.薛兆丰经济学讲义[M].北京:中信出版社.

为什么婚姻是需要经营的?

《婚姻故事》是一部获得 2020 年 6 项奥斯卡金像奖提名的电影。影片讲述了妻子妮可追随丈夫查理,将事业重心从小荧幕转向舞台剧,从洛杉矶移居到纽约。结婚后她想重回影视剧圈,丈夫却不重视她的需求。她在这段婚姻里失去了自我,查理却越来越有活力。最终他们以"离婚之战"的形式狼狈收尾。

如果一种变革能够使没有任何人处境变坏的情况下,至少有一个人处境变得更好,我们就把这种状态称为帕累托改进。经济基础决定上层建筑,爱情婚姻也是由经济基础决定的。如果婚后彼此都拥有稳定且高质量的生活,那么两人帕累托改进的可能性极大,而如果婚姻带给某一方的是生活品质的后退,那么极有可能导致双方效用的减少。

从风险经济学的角度来看,女性和男性在生理上永远不可能平等。结婚生子并不影响男性参与社会生产,但女性结婚生子意味着有中断社会工作的可能。女性承担着相夫教子的"责任",与婚前的生活相比,人生能选择的机会更少了。这也意味着男性需要在婚姻中承担更多的责任和义务,相应地给予妻子更多的陪伴和支持,这也是一种成本补偿。当双方的收支相对合理,婚姻这杆"秤"才会平衡,婚姻才会更加牢固。

所以在决定进入婚姻之前,必须考虑婚姻破裂的可能性有多高,一旦发生破裂,是否能承担所有风险?就现代爱情和婚姻而言,男女双方的人生观、价值观、个人品德修养、对待爱情的态度都是要考虑的重要因素。

以风俗习惯替代婚姻合同条款

早在 1887 年,就有一位美国法官说过:婚姻当然有它浪漫的一面,但是法官只看重它商业的一面。我们把婚姻看作一个商业合同,我们关心的是，双方怎样才能缔结一个比较公平的合同，这合同怎样才能更好地履行下去，从而促进婚姻双方的幸福。

这是法官的观点，实际上也是经济学家的观点。

日常生活中，如果双方要约定的事情比较简单，那合同就比较简单；如果要约定的事情比较复杂，合同也就复杂起来。但是婚姻很奇特，由于男女双方的责任、权利和义务太复杂，要写条款的话，写都写不完，于是他们干脆就签一份简单的婚约，只有一张纸，而且里面几乎没有任何实质条款。

但这并不意味着婚姻双方不在乎，他们只是采用了另外的办法依照社会习俗、社会舆论、双方的生活习惯等来确定婚约的条款和履行。

在婚姻中，人都有浪漫的一面，他们喜欢对对方说"你是我一生中唯一的真爱"。经济学家听了会宽容地一笑。

大经济学家弗里德曼的一个侄子曾经给他写信，说要为了女朋友放弃事业，跟女朋友到另外一个城市去，因为这个女朋友是他一生中唯一的真爱。

弗里德曼就回信说：当然，你可以做你自己的决定，但是如果你真的认为这女孩儿是你一生唯一真爱的话，那么我以一位统计学家的身份告诉你，世界上两个唯一真爱的人相遇的概率是零。茫茫人海，你们在有限的生命里根本不可能遇见对方。

经济学家的解答听起来不那么浪漫，但我们不得不承认的是，很多时候，人们都是在自己身边找一个比较合适的人就结婚了。婚姻并没有文艺作品里说得那么浪漫。

资料来源：薛兆丰，2018. 薛兆丰经济学讲义［M］. 北京：中信出版社.

你的家务分工分错了

一项关于幸福的调查显示：分担家务和上下班通勤一样，是人们最不喜欢的活动。也许这就是在讨论谁做家务时往往会引起家庭气氛紧张，甚至争吵的原因。

如果每个人擅长做不同的事，安排家务就容易了。比如你的配偶擅长购买日用品，而你擅长洗衣服。但是事实并不总是如此，甚至不是这样，通常是某一方擅长做所有的家务而另外一方不太擅长。就好比你有一名好员工和一名不太好的员工，你会让那名好员工做所有的工作吗？

答案经常是"不会的"。为什么呢？想一想，上午9点的时候，经过了一夜充分休息的，那位不太好的员工的状态，比起凌晨2点时那位已经工作了17个小时的好员工，还是要好一些的。因此，你至少还是要把一些工作交给那位不太好的员工的。同样的原理也可以运用于家庭。的确，你或你的配偶更擅长干所有事，但任何一个人的精力都是有限的。因此，分工是个好办法。怎么分工取决于人们的技能下降有多快。

为了使你家庭的效率实现"最优"，你应该使每个人最后所做的一项工作的效用相等。例如，你的配偶洗碗、清扫、列出购物清单，你做饭、洗衣、购物、支付账单。这可能看起来不平衡，但想一想，当你看到你的配偶在列购物清单时就已经衣衫不整地坐在那里开始打盹了，你就应该知道他能把你们需要多少牛奶算出来就已经很不错了。实际上他的这种状态和你付账单时的状态差不多，尽管支付账单已经是你做的第四项家务。

这时即使你让你的配偶再去打扫卫生，家里也会一团糟，因为他在做第三项家务时就已经精疲力竭了，而你的状态仍然不错。这种安排的结果很可能是有一方要多干一些活，但它至少不会让一个人包揽了一切家务。

一旦你决定要用这种方法来分配家务，你就要决定谁做什么。一种是随机指派家务，另一种是每个人做每件事的一部分。我在一个配偶生活建议网站上读到：你应该根据每个人的喜好排序来分配，但这些方法中没有一种是完全正确的。

为了决定谁做什么，我们需要更多的经济学知识，特别是比较优势原理。经济学家通常从贸易的角度谈这个原理。设想芬兰在制造鹿皮帽和滑雪靴上都比瑞典好。但芬兰在制造鹿皮帽上要好更多，而在制造滑雪靴上只是略强一点。当芬兰制造鹿皮帽而瑞典制造滑雪靴时，全世界的产量实现了最大化。

人们认为芬兰在制造这两种物品上都有绝对优势，但只在制造鹿皮帽上有比较优势。这个原理就是经济学家支持自由贸易的部分理由。当然，这是另外一个话题了。但这个原理也可以成为你家里分配家务的指导原则。你要指派每个人从事他具有比较优势的工作。这与你做每一件事都有绝对优势并没有关系。如果你在洗衣服上非常棒，而在清扫上只略好一点，那么你就应该让你的配偶去清扫房间。因为，这样做有利于提高效率。

为什么会出现"天价彩礼"?

彩礼的给付源于我国古代的嫁娶风俗——六礼，即纳采、问名、纳吉、纳征、请期、亲迎，具有厚重仪式感、历史传承性和广泛认同性。彩礼历经数千年沿革与衍化，已然成为我国婚俗文化的重要组成部分。而"天价彩礼"则是一种畸形的非理性婚俗行为逻辑，"网络调查数据表明，2020 年的高价彩礼浙江以 18.3 万元的平均值，远超全国平均值 69095 元，在所有省份中高居第一；黑龙江、福建、江西、内蒙古的平均彩礼也都超过了 10 万元。"

"天价彩礼"的出现，是长久以来的重男轻女思想使男女比例失调、结婚难度加大、城镇化发展使结婚成本增加以及婚介市场从中推动以获取更高经济利益等原因导致的。当前，天价彩礼已成为一个严峻的社会问题。高额的婚姻成本，令适婚男女望而却步，给家庭带来沉重负担，成为广大家庭实现共同富裕的重大阻力。为了遏制"天价彩礼"的风气，党和政府以及民政部门采取了多项措施，积极探索治理举措。各地也纷纷发布倡议书、将移风易俗写入村规民约。截至 2023 年年底，我国已形成国家、省、市、县四级联动、齐抓共促婚俗改革的良好局面，"天价彩礼"的不良风气有望得到改善。

为什么婚姻是两方社会关系的结合?

从传统意义上来讲，婚姻是组建家庭的基础，是将两个独立的人连接在一起的过程。在此过程中会发现婚姻不仅仅是两个人的结合，更是两个家族的结合。

一个有趣的现象是，在中国关于家庭主题类型的文艺作品中，电视剧大多描述的是两个人恋爱、结婚，然后逐渐过渡到婆媳、妯娌等复杂的人际关系的剧情，多是从甜蜜的爱情故事发展成鸡飞狗跳，充满烟火气的生活。中国历代小说也是这样，包括一些耳熟能详的经典名著《红楼梦》《白鹿原》《京华烟云》等都是大家族的爱恨情仇。为什么在一对夫妻的家庭生活中，经常会牵扯到各种人际关系呢？

理论上，家庭关系是一种以两性结合和血缘联系为纽带的特定形式的社会关系，有夫妻关系、父子关系、母子关系、翁婿关系和婆媳关系等多种关系。生活中，任何家庭都不可能脱离社会而处于社会之外。而两个家庭相结合就相当于两方资源结合在一起，来共同管理、优化资源配置。源于家庭结合所带来的人际关系、资产，使得资源得到合理配置，减少了资源的浪费。这就是婚姻结合所带来的两个家庭之间共同的帕累托最优。

在追求帕累托最优的过程中，一方所构建的关系网在婚后会与另一方的关系网交叠。一方所做的选择会影响到周边的人与物，而这些人与物又会对做出选择的一方进行反作用。社会关系同时也包含了这些个人与其他个人之间的全部互动。因此，当一个人结婚后，得到的社会信息也会更加完善，资源也会更加丰富，而在和这些新的亲戚交往的过程中，他们所构建的关系网，所带来的信息资源，对其生活与工作也会有很大的帮助。

为什么稳定的婚姻家庭对孩子的成长更有利？

美国著名"家庭疗愈师"萨提亚认为，一个人和他的原生家庭有着千丝万缕的联系，而这种联系有可能影响他的一生。对于父母来说，你现在就是你子女的原生家庭。要创造有利于子女成长的原生家庭，首先需要稳固、健康的婚姻关系。

稳固、健康的婚姻关系像是资源分配下的一种理想状态。假定固有的一群人和可分配的资源，从一种分配状态到另一种状态的变化中，在没有使任何人境况变坏的前提下，使得至少一个人变得更好，这就是帕累托最优，也称帕累托效率。父母双方共同营造的这种稳固、健康的婚姻关系，可以让他们的孩子在以后的成长中对婚姻产生一种向往，愿意为其婚姻做出承诺，做出理解，也更容易尊重其配偶和孩子。就这样在一代又一代的影响下，形成了一种良性循环。

孩子对父母来说是爱情的结晶，可孩子的到来也意味着原来的二人世界会产生巨大的变化。对于父母，尤其是母亲而言，年幼的孩子所需要的喂食、换尿布、陪伴等，这些都是繁杂而枯燥的事情。在孩子的成长过程中，需要大人持续地关注和照顾来确保孩子的成长和发育。而对于年轻父母们来说，做到这些并不容易。这意味着和孩子持续地相处，更意味着责任。想象一下：您可能很难找到空闲的时间来安静地读书，无法和朋友一起逛街和闲聊，耐心也会很快被消磨殆尽，孩子出生时的兴奋会被越来越多的家务产生的压抑所取代。这些都会严重影响家庭的生活质量乃至婚姻关系。婚姻质量的下降不但影响夫妻双方的情感和交流，增加夫妻双方的焦虑和压抑，还会减少对孩子的关爱和照顾，给孩子造成持续的压力和恐惧。

从孩子的角度来说，处理好夫妻关系是父母的责任和义务。温馨和谐的家庭关系，是孩子身心健康成长的根本保障，父母更可由此为孩子将来的幸福做出榜样。父母要通过言传身教让孩子体会到幸福，明白什么是幸福以及如何获得幸福。

因此，夫妻间的和谐关系是美满家庭的基础。关系和谐了，家庭幸福了，才有助于稳定和加强亲子关系，更有利于孩子的成长。

关 键 概 念

帕累托标准（Pareto standard）：在资源配置中，如果至少有一个人认为方案 A 优于方案 B，而没有人认为方案 A 劣于方案 B，则认为从社会的观点看亦有方案 A 优于方案 B。这就是所谓的帕累托最优状态标准，简称帕累托标准。

帕累托最优（Pareto optimality）：是指没有进行帕累托改进余地的状态。

帕累托改进（Pareto improvement）：基于帕累托最优变化，在没有使任何人境况变坏的前提下，使得至少一个人变得更好。帕累托改进是达到帕累托最优的路径和方法。

博弈论（game theory）：是研究在策略性环境中如何进行策略性决策和采取策略性行动的科学。

囚徒困境（prisoner's dilemma）：两个被捕的囚徒之间的一种特殊"博弈"，说明了在合作对双方都有利时，保持合作也是困难的。

发信号（signaling）：是指有信息的一方仅仅为获得信任而披露自己私人信息所采取的行动。

绝对优势（absolute advantage）：一个生产者用比另一个生产者更少的投入生产某种物品的能力。如果生产者生产一种物品所需要的投入较少，就可以说该生产者在生产这种物品上有绝对优势。

稀缺规律（law of scarcity）：大部分人所需要的东西只能得到有限的供应（免费品除外）的原理。因此，商品一般是稀缺的，必须通过价格或者其他形式进行某种程度的配给。

路径依赖（path dependence）：是指人类社会中的技术演进或制度变迁。类似于物理学中的惯性，即一旦进入某一路径（无论是好还是坏）就可能对这条路径产生依赖。一旦人做了某种选择，就好比走上了一条不归之路，惯性的力量会使这一选择不断自我强化，并让你轻易走不出去。

不确定性（uncertainty）：是指经济行为者在事先不能准确地知道自己的某个决策的结果，或者说，经济行为者的一个决策的可能结果不止一种。

委托－代理关系（principal-agency relationship）：是指在市场交易中，由于信息不对称，处于信息劣势的委托方与处于信息优势的代理方相互博弈达成的合同法律关系。

边际收益（marginal revenue）：增加一单位销售量引起的总收益变动。

总成本（total cost）：在某技术水平和要素价格条件下可以得到的最低成本的总额。现有工厂和其他不变成本既定的条件下所发生的成本为短期总成本。而厂商在投入和决策方面一直有完全弹性的条件下所发生的成本则为长期总成本。

可变成本（variable cost）：随产出水平变化而变化的成本，如原材料、劳动力、燃料成本。可变成本等于总成本减固定成本。

固定成本（fixed cost）：一个企业在某时段即使在产量为零时也会发生的成本。固定成本由诸如利息支出、抵押支出、管理者费用等契约性开支所组成。

边际成本（marginal cost）：额外一单位产量所引起的总成本的增加。

生命周期（life cycle）：在人的一生中有规律的收入变动形式。

过度自信（over-confidence）：心理学家通过实验观察和实证研究发现，人们往往过于相信自己的判断能力，高估自己成功的概率，把成功归功于自己的能力，而低估运气、机遇和外部力量在其中的作用，这种认知偏差称为"过度自信"。

配置效率（allocative efficiency）：是指一种经济境况。一种经济到达该境况时，已经不可能通过重组或贸易等手段，既提高某一人的效用或满足程度，而又不降低其他人的效用或满足程度。从某种意义上讲，完全竞争可以导致配置效率。配置效率又称帕累托效率。

投入（inputs）：是指企业用于生产过程的商品或劳务。

人力资本（human capital）：一国由劳动力体现的技术知识和技能的存量，源于正式教育和在职培训等方面的投资。

规模报酬（returns to scale）：所有投入成比例增加时产出的增长率。如果所有投入增加一倍而产出恰好也增加一倍，则这种生产过程呈现的是规模报酬不变；而如果所有投入增加一倍产出增加却不到一倍，则这种生产过程呈现的是规模报酬递减；如果产出增加了一倍以上，则这种生产过程呈现的是规模报酬递增。

规模经济（economies of scale）：劳动生产率的提高或平均生产成本的降低，都源于全部生产要素投入的同比例的增加。

思 考 题

1. 男女朋友之间是送现金还是送礼物更能发出"爱的信号"？
2. 你认为在婚姻家庭生活中，还涉及哪些经济学知识或原理。

参 考 文 献

蔡昉，2010. 人口转变、人口红利与刘易斯转折点［J］. 经济研究，45（4）：4-13.

陈卫，张凤飞，2022. 中国人口的初婚推迟趋势与特征［J］. 人口研究，46（4）：14-26.

艾瑞里，2010. 怪诞行为学：可预测的非理性［M］. 2版. 赵德亮，夏蓓洁，译. 北京：中信出版集团.

艾瑞里，2010. 怪诞行为学：非理性的积极力量［M］. 2版. 赵德亮，夏蓓洁，译. 北京：中信出版集团.

卡耐基，2020. 女人的格局决定结局［M］. 李瑛，译. 长春：时代文艺出版社.

马建堂，李建伟，张亮，等，2022. 认识人口基本演变规律促进我国人口长期均衡发展［J］. 管理世界，38（1）：1-19.

刘穷志，何奇，2012. 人口老龄化、经济增长与财政政策［J］. 经济学（季刊）（1）：119-134.

赖晓凡，刘晓，向月波，2011. 婚姻的经济学解析［J］. 前沿（4）：71-73.

潘俊宇，徐婷，宣烨，2022. 老龄化、人力资本与经济增长［J］. 经济问题探索（7）：74-89.

汪伟，艾春荣，2015. 人口老龄化与中国储蓄率的动态演化［J］. 管理世界（6）：47-62.

汪伟，刘玉飞，彭冬冬，2015. 人口老龄化的产业结构升级效应研究［J］. 中国工业经济（11）：47-61.

王维国，刘丰，胡春龙，2019. 生育政策、人口年龄结构优化与经济增长［J］. 经济研究，54（1）：116-131.

续继，黄娅娜，2018. 性别认同与家庭中的婚姻及劳动表现［J］. 经济研究，53（4）：136-150.

肖金利，潘越，戴亦一，2018. "保守"的婚姻：夫妻共同持股与公司风险承担［J］. 经济研究，53（5）：190-204.

颜色，郭凯明，杭静，2022. 中国人口红利与产业结构转型［J］. 管理世界，38（4）：15-33.

于也雯，龚六堂，2021. 生育政策、生育率与家庭养老［J］. 中国工业经济，398（5）：38-56.

BAXTER J, HEWITT B, HAYNES M, 2008. Life course transitions and housework: marriage, parenthood, and time on housework［J］. Journal of Marriage and Family, 70（2）：259-272.

BECKER G S, 1973. A theory of marriage: part I［J］. Journal of Political Economy, 81（4）：813-846.

BECKER G S, 1974. A theory of marriage: part II［J］. Journal of Political Economy, 82（2）：S11-S26.

BECKER G S, BARRO R J, 1988. A reformulation of the economic theory of fertility［J］. Quarterly Journal of Economics, 103（1）：1-25.

BECKER G S, MURPHY K M, TAMURA R, 1990. Human capital, fertility, and economic growth［J］. Journal of Political Economy, 98（5）：S12-S37.

CHEUNG R Y M, CHUNG K K H, 2023. Interparental conflict and mindful parenting practices: transactional effects between mothers and fathers［J］. Journal of Marriage and Family, 85（1）：280-292.

LOUGHRAN D S, 2002. The effect of male wage inequality on female age at first marriage［J］. Review of Economics and Statistics, 84（2）：237-250.

职场中的经济学

- 为什么员工工资采用年限薪资制？
- 为什么职场中的女性总被询问：如何平衡事业与家庭？
- 为什么应届毕业生越来越难找到心仪的工作？
- 为什么实行员工自治的企业较易繁荣起来？
- 为什么说企业合并是一场"豪赌"？
- 为什么绩效平庸的高管还可以拿到高薪？
- 为什么企业偏爱应届毕业生？
- 为什么高薪不能养廉？
- 为什么高薪有时也留不住员工的心？
- 为什么"海归"的投入与薪资回报越来越不成正比？
- 为什么职场中"善良"比"聪明"更重要？
- 为什么投资人不愿意投资夫妻档的公司？
- 为什么企业都偏好于使用股权激励？

当下职场竞争激烈，市场对求职者愈发苛求，出现了许多匪夷所思的现象。年限薪资制度的激励和压力、应届毕业生的求职难题、性别刻板印象问题、管理层"高薪"却难"养廉"等问题背后都蕴含着深刻的经济学原理。

从经济学角度来看就业问题，我们发现市场上人力资源长期供过于求，导致目前就业难。另外由于机会成本的存在，我们很难做出完全理性的利弊权衡，找到合适的工作。在找到工作步入职场后，职场生活的方方面面也和经济学紧密相关。

从个人的角度来看，我们应当如何在工作和生活之间找到一个均衡点？这便是资源配置问题。一般情况下，当高工资带给我们的效用超过闲暇时，所以我们愿意追求高工资而放弃闲暇。但是当工资高到一定程度时，工资再增加也无法带动我们的工作积极性，替代效应超过收入效应，我们对闲暇的偏好逐步提高。我们愿意提供的劳动时间并不是一直随着工资的增长而增长，还受到了向后弯折的劳动供给曲线的约束。

从企业的角度来看，由于信息不对称的存在，企业无法准确知道员工的努力程度，员工可能存在逆向选择和道德风险问题，导致企业利益受损。为此，企业可以设置合适的激励机制，调动员工积极性。对于我们而言，理性的做法便是遵循公司的管理制度，谋求自身的利益最大化。

从社会的角度来看，即使我们一直倡导人人平等，在职场中仍然存在一些不公平的现象，例如，员工工资采用年限工资制、女性总被询问如何平衡工作与生活等。这涉及权衡取舍的问题。社会面临的权衡取舍在效率与平等之间，管理者面临的权衡取舍则是基于成本效益原则，即如何用最小的成本创造最大的收益是整个公司的终极目标。对于这类现象，我们不用过分担心，所谓"物竞天择，适者生存"，我们能做的就是不断提升自己，让自己在职场中实现个人价值。

职场，是每个人步入社会后必须面临的话题。在这个竞争激烈、逐渐内卷化的时代，理解现实职场事件下的底层逻辑有助于我们更好地融入其中。本模块引入了现实中的职场情境，结合经济学原理进行分析，旨在培养读者的经济学思维方式，学会利用经济学中的知识思考职场中的问题。

《中华人民共和国劳动法》没有工龄工资的规定，需要用人单位根据本单位的生产经营特点和经济效益设定。工龄工资是企业按照员工的工作年

数,即员工的工作经验和劳动贡献给予的经济补偿。工龄分为两个部分:一是社会工龄,即员工不在本企业工作的年数;二是企业工龄,即员工在本企业工作的年数。员工的工龄等于两者之和。对社会工龄,制定"线型"分配政策;对企业工龄,根据员工职业生涯"抛物线"的贡献规律,按不同年限分阶段执行不同分配标准。

为什么员工工资采用年限薪资制?

现行的薪酬制度中,员工的薪资一般是随着工作年限递增而不是按其创造的价值递增。换言之,一个为企业长久工作的员工,前期的薪资往往低于他为企业所创造的价值,而后期的薪资往往高于他为企业所创造的价值。那么企业为什么不中和前期和后期的薪资,使员工创造的价值与其薪资水平相符呢?

在经济社会中,任何一项经济行为都是符合成本-效益原则的,按工作年限发放工资也不例外。任何企业都想用最小的成本为企业创造最大的价值。新员工进入企业都有一定的适应期和学习期,在这一阶段企业要花费一定的人力成本。对于员工而言,如果不打算长久地在这家企业工作,自然不能接受后期工资高而前期工资低的情况,所以会早早离职。通过工作年限作为薪资增长的标准,实际上是对员工忠诚度的考验,使真心留在企业的员工兢兢业业地工作,为企业创造价值。

本质上来说,以工作年限作为薪资高低的标准是一种防止员工消极怠工的机制。一方面员工会顾虑自己可能会因为懈怠的工作态度在拿到更高的薪资前就被企业解雇,所以他会认真工作而减少被企业解雇的可能,而另一方面诚实正直的员工更愿意在这样的机制下工作,因为他们对自己的工作态度以及品行足够自信,认为后期可以得到更高的薪资。所以以工作年限作为薪资标准对于企业发展是有利的,这也是大部分企业采取这种方式作为薪资标准的原因。

女性就业、教育和家庭的变革

现代女性经济角色的发展分为四个阶段。前三个阶段是渐进性的,最后一个阶段则是革命性的。第一阶段发生在 19 世纪末到 20 世纪 20 年代；第二阶段从 1930 年到 1950 年；第三阶段延续到 1950 年至 1970 年末；第四阶段，即所谓的"悄然革命"，始于 1970 年末并一直持续至今。

区分渐进性阶段和革命性阶段的三个方面是：视野、身份认同和决策能力。在时间序列数据中可以看到女性劳动参与率在渐进阶段的变化。而在革命阶段，可以通过时间序列数据发现女性在工作场所的稳定性更高、职业认同感更强以及与配偶共同决策的能力更强。这些数据系列中每一个都有一个明显的转折点或拐点，标志着社会和经济的变化。此外，这些变化与出生队列或特定时期的情况相吻合。

资料来源：GOLDIN C，2006. The quiet revolution that transformed women's employment, education, and family [M]. American Economic Review, 96（2）：1-21.

为什么职场中的女性总被询问：如何平衡事业与家庭？

前央视著名主持人张泉灵曾在接受记者访问时被问及：如何平衡事业与家庭？对于这个问题，她直言：我讨厌这个问题，我认为女性不需要承担这种压力。无独有偶，北斗导航系统科学家徐颖也被问及这一问题，她也明确表达了对于这个问题的反感并提出：为什么这一问题只向女性提出而不向男性提出。那么为什么职场中的女性总被询问"如何平衡事业与家庭"这个问题呢？

这是一个资源配置的问题，资源具有稀缺性，每个人的时间与精力都是有限的，将精力多投入工作，那么对家庭的投入自然就减少了。尤其是对于婚后的职场人来说，子女教育、家务劳动等家庭活动消耗了女性可分配于工作的时间和精力，使得女性在劳动力市场中处于竞争劣势，面临着家庭与事业之间的两难选择。之所以女性总被问及这个问题而男性没有，可以借用张泉灵老师的回答：这是一种对于女性的偏见。在传统的观念中，女性被赋予了照顾家庭、抚养下一代的使命。时至今日，这种观念并没有消失，它依旧束缚着当代的女性，成为女性自我实现道路上的枷锁。

真正要解决这一问题，首先要做的就是摒弃"女性更应该倾向于照顾家庭"这种狭隘观念。照顾家庭不是强加给女性的负担，是否做到了事业和家庭的平衡也不是衡量女性是否成功的标准。家庭是夫妻双方共同经营的，必然会有一方要多分出一点精力在照顾家庭方面，由谁来分担应该依照双方的机会成本来定。谁放弃工作选择家庭的机会成本小，就选择谁更多地照顾家庭，或者在双方的机会成本都很大的情况下，也可以考虑雇用保姆。

职场上的男女平等，不该是对男女性采用双重标准，也不该是以性别作为依据的条条框框。当我们在职场中不需要谈论男女性、区别男女性时，才是真正做到了男女平等。

为什么一个好工作如此重要

在对全球穷人展开的调查中，我们问了一个问题："你对自己孩子的期望是什么？"结果令人震惊。无论我们在哪儿提出这个问题，穷人最常见的梦想就是，他们的孩子能够成为政府职员。例如，在乌代布尔的贫穷家庭当中，34%的父母想看到自己的儿子成为一名政府职员，41%成为非政府职员，18%成为一家私营公司的职员。对于女孩来说，31%的父母希望女儿成为一位教师，31%希望她找到一份政府工作，19%希望她成为一名护士。穷人并不期望孩子成为企业家。

贫穷家庭通常认为一份稳固的收入可以对未来的支出做更多贡献，而且也使现在的借款变得更容易、更廉价。因为，如果家里的某位成员有一份稳定的工作，学校会更愿意接收他们的孩子；医院会为其提供更昂贵的治疗，因为医院方面认为他们能担负得起这些费用；家里的其他成员也可以利用这些收入投资自己的生意，谋求可能的发展。

资料来源：DUFLO E, BANERJEE A, 2011. Poor economics [M]. New York: Public Affairs.

为什么应届毕业生越来越难找到心仪的工作？

2022年4月，智联招聘发布的《2022大学生就业力调研报告》显示，50.4%的毕业生选择单位就业，比上一年下降了6个百分点。自由职业者（18.6%）和慢就业者（15.9%）的比例均上升了3个百分点。纵观整个招聘市场，并非每个行业都是人才饱和。2022年4月27日，人力资源和社会保障部公布的2022年第一季度全国招聘大于求职"最缺工"的100个职业排行中，可以看到很多职业都存在人才空缺的情况。如制造业，尽管薪资待遇不低，但就是无法得到毕业生的青睐。"就业难"不仅是因为近几年招聘市场的不景气，还因为毕业生扎堆应聘，所以不同行业之间就业情况差异较大。

从《2022大学生就业力调研报告》中可知，应届生希望就业的行业大多集中在信息技术、文化传媒、教育等传统意义上"光鲜亮丽"的行业，而只有少数的应届生期望从事制造业、交通运输、农林牧渔等行业。然而，无论是哪个行业，对人才的需求都是有限的，当大多数应届生涌入所谓的热门行业时，职位便供不应求，自然很多人就无法找到心仪的工作。而反观那些冷门的行业，职位供过于求，即使在高薪吸引下，仍无法满足这些行业对人才的需求，这无疑是两败俱伤的。

另外，大学生就业还存在一些其他偏好，这也是导致"就业难"的原因。大学生在求职过程中往往对企业薪酬制度有着过高的期望，然而实际上大多数企业所能提供的薪酬与其预期并不匹配，无法吸引薪酬偏好的应届毕业生，造成大学生失业率的增加。此外，一些应届大学生会有着高风险规避的特征，更倾向于选择能够提供长期稳定收入的事业单位。他们有的受到家长期望的影响，有的受到羊群效应的影响，纷纷加入"考公大军"，这样就形成了社会上"千军万马过独木桥"的现象。

应届生为什么难以找到心仪的工作？对于应届生自身而言，他们求职很看重薪资待遇，但起初个人实力与预期薪资却往往无法匹配；盲目追求热门的行业，却没有在一众求职者中脱颖而出，最后只能是失望而归。对于整个就业市场而言，热门行业人才饱和，使得企业对人才的要求越来越高，而对应的薪资待遇却是越来越低。而冷门行业人才短缺，需求人数持续飙升，薪资待遇逐步提高却依然无法短时间内改变人才短缺的现状。应届生难以找到心仪的工作是整个就业市场供需失衡的结果。

员工自治

员工自治是指员工有意愿并且有能力作出对企业最有利的决策。员工自治的实现基于两个理论假设：一是麦格雷戈的 Y 理论，即"假设人们是愿意承担责任的，是愿意作出贡献的，是愿意有所成就的"；二是德鲁克的知识型工作者理论，他认为 21 世纪是以知识型工作者为主体的时代，他提出知识型工作者的管理必须是有效的，而且有效性是可以修炼的。

为什么实行员工自治的企业较易繁荣起来？

传统企业都是一种自上而下的权威治理，但是中国有一家体育用品公司——李宁（中国）体育用品有限公司（以下简称"李宁公司"），却创新性地发展了员工自治模式。《中外管理》杂志将李宁评选为最佳雇主，而其中最具创新性的举措便是成立员工俱乐部。这些员工俱乐部包括游泳俱乐部、高尔夫俱乐部等，全都由员工自行管理，自己选出主席、副主席、活动组织人员、财务管理人员等。相比于其他公司实行的包办模式，这种员工自治模式在极大程度上实现了李宁公司的可持续发展，使其逐渐成为一个家喻户晓的企业。那么，为什么实行员工自治的企业较易繁荣起来呢？

英国伯明翰大学研究人员发现，在实际工作中享有较高自主权的员工能够在提升自身幸福感和工作积极性方面产生积极影响。而李宁公司的自治模式更好地促进了员工之间的沟通和交流，也培养了员工的组织才能。除了模式的创新外，员工俱乐部的活动经费也全部由公司支出，增强了员工对公司的归属感和信赖感。而这些模式也给李宁公司带来了好处：有利于把新产品的体验效果反映给开发人员，促进产品的改进。例如，销售人员通过参加员工俱乐部并了解网球，可以更容易找到合适的市场定位和市场人员。

传统企业模式下，员工是在企业的监督下，处于一种被管束的状态，无法激发自身最大的工作热情。而员工自治使得员工的立场发生转变，员工的工作激情与工作乐趣都会大大提升，有助于从整体上提升企业的经营效率。就如上述的李宁公司一样，员工自治可以选出大家满意的管理者，在一定程度上减少了员工与管理者的矛盾，内部人员相处也更加愉快，从而在原有员工结构基础不变的情况下提高工作效率，企业用最少的投资便可以得到最大的效益，实现效益最大化。

公司合并

公司合并有吸收合并和新设合并两种形式。一家公司吸收其他公司为吸收合并,被吸收的公司解散。两家以上公司合并设立一家新的公司为新设合并,合并各方解散。公司合并,应当由合并各方签订合并协议,并编制资产负债表及财产清单。公司应当自作出合并决议之日起十日内通知债权人,并于三十日内在报纸上至少公告三次。债权人自接到通知书之日起三十日内,未接到通知书的自第一次公告之日起九十日内,有权要求公司清偿债务或者提供相应的担保。不清偿债务或者不提供相应的担保的,公司不得合并。公司合并时,合并各方的债权、债务,应当由合并后存续的公司或者新设的公司承继。

为什么说企业合并是一场"豪赌"?

2015年,滴滴打车与快的打车宣布合并;2020年,赶集网宣布与58同城达成战略合并协议,双方约定未来将共同成立58赶集有限公司;2020年,大众点评网与美团网宣布达成战略合作,以便开辟新业务和进行产品创新。

以滴滴打车与快的打车的合并为例,作为专车行业的两大巨头,它们本应该是竞争对手,但在2015年两家公司同时宣布合并,并保持原来人员构架不变,实行Co-CEO制度。而在此之前,快的打车、滴滴打车都获得了4轮融资。快的打车得到软银集团领投、阿里巴巴以及老虎环球基金跟投的6亿美元投资;滴滴打车获得淡马锡、俄罗斯投资集团DST、腾讯主导的7亿美元投资。即使两家分开发展,也均是行业巨头,并且合并可能会造成管理上的矛盾。那么,为什么会有这种情况出现呢?

从企业的角度来看,无非就两种选择:分开发展或坚持合并。资源具有稀缺性,所以使用资源需要一定的成本。抛开明显的交易成本、管理费用等,我们还可以从机会成本的角度来衡量两种选择。机会成本是指将资源用于某一用途时而放弃的其他用途可获得的最大收益,所以要尽量将资源投入收益最大的选择中,以达到资源的最优配置。

分开发展的机会成本是合并发展所能带来的特有收益。合并可以带来经营协同效应，即企业的生产经营规模尚未达到一定条件时，通过并购的方式不断扩大市场规模，降低经营成本，提升经营效率，也可以结束两者的恶性竞争，提高对出租车司机、乘客的补贴议价能力。与此类似，合并发展的机会成本便是分开发展所能带来的特有收益，例如，可以避免双方由于企业文化不一致带来的矛盾。但同时，由于双方在管理方式、企业结构上已经形成了自己的特色，合并则可能面临大变革带来的风险。

总的来说，企业合并是一场"豪赌"，不论是合并还是分开发展，都有自己的机会成本，要从管理层面、市场情况和企业文化等方面综合考量才能实现收益最大化。

为什么绩效平庸的高管还可以拿到高薪？

2007年，平安集团董事长马明哲的税前6616.1万元高薪成了大众关注的焦点，并激起了中国股民对上市公司天价薪酬的众怒。股民们之所以表示出极大的义愤，并不是仇富心理在作怪，而是身为上市公司股东的投资者，在承受股价严重下跌的同时，却要眼睁睁地看着公司高管可以面不改色地领取这样的天价年薪。平安股价高台跳水之时，股民损失惨重，但高管天价薪酬照领不误，这种强烈的反差深深地刺痛了广大股民。

此外，国内银行业也存在相似状况。通过上市公司年报，我们可以看出，银行高管的年薪"旱涝保收"，不管业绩如何，他们都能拿到百万元以上的年薪。那么，为什么绩效平庸的高管还可以拿到高薪呢？

我们要承认给高管发放高薪是有道理的。其中有两个约束条件，第一个约束条件叫参与约束，指的是高管获得的薪酬激励不能低于别的任职机构所能提供的最大报酬，也就是要高过其机会成本，才能更好地挽留人才。这一约束使得高管薪酬逐渐上涨。职场中，部分公司不得不对标英美等发达国家，给高管定高薪酬才能应对国际人才竞争。第二个约束条件叫激励相容约束，指的是委托人利益最大化，最好能够通过代理人的效用最大化行为来实现，表面上看高管获得高薪酬，但这也激励他们通过努力工作满足股东的投资回报，达到了股东和高管的激励相容，也就是一个双赢的局面。

从经济学角度来看，这种现象涉及企业聘用管理人才的机会成本，高管在某企业任职的机会成本等于他在其他企业所能获得的最高收益。企业若想聘用一名优秀的管理人才，不仅需要面对高管与企业磨合不够以及无法带来预期收益的风险，还需要提供高于其他企业的薪酬激励。所以，绩效平庸的高管往往也可以拿到高薪。

我国失业的界定

由于数据收集的限制，我国目前只在城镇统计失业率。按照统计方法，失业率分为城镇失业率和城镇登记失业率。

城镇失业率由统计部门负责，通过城镇劳动力抽样调查获得。其中，对城镇失业人员的界定为：城镇常住人口中一定年龄以上、有劳动能力、在调查期间无工作、当前有就业可能并以某种方式寻找工作的人员。调查设定的年龄界限为16周岁及以上，同时具有劳动能力并符合以下各项条件的人员为失业人员：①在调查期内未从事取得劳动报酬或经营利润的劳动，也没有处于就业定义中的暂时未工作状态；②在某特定期间内采取了某种方式寻找工作；③当前若有工作机会，可以在一个特定期间内应聘就业或从事自营职业。虽然这项工作从1996年第三季度就已经开始，但目前仍没有全面公开相关结果。

城镇登记失业率由劳动和社会保障部负责，通过部门内部的相关统计报表资料获得。其中，对城镇登记失业人员的界定为：非农业户口、在劳动年龄内、有劳动能力、无业而要求就业，并在当地就业服务机构进行求职登记的人员。但是，城镇登记失业人员不包括：①正在就读的学生和等待就学的人员；②已达到国家规定的退休年龄或虽未达到国家规定的退休年龄但已办理了退休（含离休）、退职手续的人员；③其他不符合失业定义的人员。这项工作开始得较早，目前公布的主要是结果，相关数据可追溯到1978年。

为什么企业偏爱应届毕业生？

中国人力资源服务商"前程无忧"人才招聘网，评选出了123家雇用高校毕业生数量较多的"大学生雇主"企业，如中国移动、百度等。研究发现，这些企业在

2021年通过校招引入的应届毕业生总量比2020年增长了11%。其中，约80%的雇主对应届毕业生的需求高于2020年，73%的雇主招聘量超过2020年或与之持平，社招和校招比例从2017年的5∶1变为2021年的3∶1。那么，对于这样一群没有过多的社会经验和专业技能的大学生，为什么会受到企业如此的偏爱呢？

从劳动供给的角度来看，相较于其他劳动力供给主体，如复员转业军人、在职同行人员等，应届毕业生在一定的市场工资率条件下，愿意并且能够提供的劳动时间更多，时薪更便宜。从长远来看，从职场小白到发挥核心作用的职场骨干是一个期限未知的过程，在此期间，不乏因职业选择或价值观不同带来的人才流失。而应届毕业生入职时薪资水平不高，是随着能力的提升和贡献的增长而逐步增加的，可以有效减少双方的匹配成本，对于企业来说可以节省一笔可观的费用。

可能有人会反驳，相应领域的同行人员工作经验更丰富，能为企业带来更多的价值，还省去了应届毕业生需要的培训费用，两者相比，应届毕业生显然需要更多的资金投入。但其实企业衡量的成本不只是薪资差距，还关系到后续的社保、公积金等一系列用人成本。综合来看，两者每年的成本差距并不小。另外，应届毕业生具有可塑性强、学习能力强、干劲足等优势，所以一般情况下企业偏好雇用应届毕业生。

其实，无论是应届毕业生还是往届生，都拥有自己的职场优势。企业偏好招什么样的员工，更主要的是结合自身实际的用人需求，这样才是最科学的用人之道。

全球清廉指数

全球清廉指数（Corruption Perceptions Index）是由世界著名非政府组织"透明国际"建立的清廉指数排行榜，反映全球各地商人、学者及风险分析人员对世界各地腐败状况的观察和感受。

透明国际（Transparency International）即国际透明组织，简称为TI，是一个非政府、非营利、国际性的民间组织，于1993年由德国人彼得·艾根创办，总部位于柏林。该组织以推动全球反腐败运动为己任，已在90多个国家和地区成立了分会，成为对腐败问题研究得最权威、最全面和最准确的国际性非政府组织。

为什么高薪不能养廉？

非洲的肯尼亚共和国实行高薪政策，议会议员平均年收入是国民平均年收入的400倍。然而，根据2021年透明国际发布的全球清廉指数排行榜，肯尼亚共和国在全球180个国家和地区中清廉指数仅排在第128位。那么，为什么高薪不能养廉呢？

从成本收益的角度来看，公务人员的高薪会增加其腐败的成本，也就是说，薪酬越高，腐败被抓所面临的损失就越大，从这个角度来看高薪可以抑制其腐败的动机。然而，由此增强的反腐激励程度尚不明确，因为这涉及腐败行为可能带来的一系列收益。在此引入湖南大学廉政研究中心龙太江教授的发言，在大多数情况下，高薪所带来的腐败成本的增加往往也无法与腐败的可能收益相比。高薪所带来的腐败成本的增加只是一种可能，要变为现实，还取决于腐败能否被发现，能否被查处。从这个意义上说，完善权力制约机制、强化权力监督、加大对腐败行为的查处力度，是根本性的解决方法。

瑞典在全球清廉指数排行榜中一直名列前茅，自1776年起，瑞典就开放了政府记录，公民有权查看官员甚至首相的纳税清单。这个传统延续至今。

当下，中国正在推进全面深化改革，反腐败是改革的重要部分，不仅要让公务员薪酬水平更加合理，更要完善监督机制，这样才能让反腐有效实施。而作为公务员，必须筑牢理想信念根基，守住拒腐防变防线，践行正确的政绩观。

为什么高薪有时也留不住员工的心？

《世界那么大，我想去看看》，曾几何时，一封颇具情怀的辞职信在朋友圈和微博传播，热评如潮。短短十个字，道出了无数青年人希望摆脱工作束缚勇于追求自由的心态。近些年流行的"躺平"其实也是一种在忙碌高压状态下的自我慰藉，哪怕老板提供了高薪，也无法充分激发出"社畜"百分之百的干劲，其底层逻辑是当代青年人对收入和闲暇的效用在发生改变。

在传统观念中，大家可能会认为工资越高，人们愿意付出的劳动也就越多，但在劳动供给曲线中，工资率达到某一个高度后曲线就开始往反方向弯曲，不再与工资率呈正相关。通俗点来讲，就是工资高到一定程度后，人们反而会减少劳动的供给。工作的本质是人们对其拥有的既定时间资源的分配，劳动与闲暇二者此消彼长。劳动的报酬是工资，而闲暇的机会成本也是工资。当工资上升时，人们一方面会倾向于增加劳动供给，用劳动来代替闲暇，这是高工资对人产生的激励作用，被称为替代效应；另一方面，每小时所得的报酬就相应增加，付出同样的劳动时间可以获得更多的报酬，因此又会倾向于减少劳动供给去享受更多的闲暇，被称为收入效应。在这两种效应的共同作用下，产生了向后弯折的劳动供给曲线。

所以，工资上涨对人的吸引力是有限的，当工资的提高使人们富足到一定的程度以后，人们会更加珍惜闲暇。也就是说，当工资率提高以后，劳动者不必提供更多的劳动就可以获得想要的生活水平，能够更合理地安排劳动和闲暇时间，以实现内心最大的满足。当代青年人追求自由，也崇尚归属感，在竞争压力越来越大、发展速度越来越快的宏观经济环境下，许多青年人宁愿放弃所谓的高薪资，也要奔向自己喜欢的岗位。

为什么"海归"的投入与薪资回报越来越不成正比？

根据《2021中国海归就业创业调查报告》显示，近几年国内"海归"优先的职位数持续减少，2019年、2020年、2021年的同比增幅分别为-25.4%、-23.5%、-0.4%。与此同时，从"海归"应聘者的角度来看，有45%的人认为自己目前的薪资低于预期，25%的人认为远低于预期。认为自己薪酬高于预期的人数，也由2020年的5%下降至2021年的2%。

对"海归"的起薪痛下杀手的，是不断攀升的归国人数。应届毕业生的工资问题，归根结底是招聘市场的供需问题，用人单位是需方，求职者则是供方。留学生劳动力供给逐年增长，需求却几乎保持不变，甚至许多企业在疫情的影响下减少了招聘人数。一增一减，劳动力的"交易价格"自然就不断下滑。然而，不少留学生在国外大学几年花费的金钱成本很高，少则数十万元，多则几百万元。如果在国内找到的工作工资很低，他们会觉得与自己投入的金钱与精力成本不匹配，因此不愿意去从事低工资的岗位。

伴随着整个中国留学产业的发展，留学生群体的内部实际上也是良莠不齐的，一些人出国留学只是盲目跟风，根本不明白自己到底为何出国，甚至连外语都没过关。盲目出国不是为了增长知识、培养能力，而是为了"镀金"找退路。这种情况就导致了很多留学生的自身能力并不过硬，因此在企业看来，留学生和在国内读研、读本科的学生差距并不大，最终使得留学生在市场上的需求降低。

"海归"的投入与薪资回报不成正比还有另一个原因，即毕业生和企业之间存在信息不对称。前程无忧首席人力资源专家冯丽娟认为，企业人力资源部门知道的海外学校有限，而留学生可能也只知道行业内领先的几家公司，双向的信息不对称加重了海外留学生回国就业的难度。部分留学生承认，在国外留学后可能会与国内就业市场"脱节"。在一些人力资源专家看来，缺乏对国内行业的了解是留学生应聘者的"通病"，面对更多的适应时间和培训成本，留学生也就没有那么吃香了。

海归"精英化"也好，"大众化"也罢，每一个群体的兴衰均是时代的写照，每一种趋势的变化都印证着宏观与微观的共同抉择，我们不必过于拔高或者贬低，而需要理性对待，积极应对。

为什么职场中"善良"比"聪明"更重要？

2010年，亚马逊创始人兼CEO杰夫·贝索斯在普林斯顿大学毕业典礼演讲中说道："善良比聪明更重要，选择比天赋更重要。虽说聪明是一种天赋，但是善良却是人生的选择。"在职场中，我们常常欣赏逻辑思维强、有分析能力、组织能力好的人，然而在快节奏的工作和繁重的业绩压力下，往往忘记了职场中的一个最重要的特质，那就是善良。

这里的善良是指在职场中的情商、职业操守、忠诚、正直等，聪明则是指业务能力强甚至圆滑、精明等。职场中不乏聪明有才华的人，他们可以把一件事做得又快又好，可领导层最信任的却并不一定是那些表现得很"聪明"的员工。从经济学角度来看，在信息不对称的情况下，雇主无法准确知道员工的行为举止，也不知道他们对一个项目的具体贡献程度，而"善良"的员工往往比"聪明"的员工更加卖力工作，所以委派"善良"的管理者可以减少信息不对称带来的风险。

硅谷高创会主席吴军在《态度》一书里写道，他曾经与一些谷歌早期员工一起回忆谷歌为什么会成功，其中原因有很多，但有一个非常独特和关键的点就是"不作恶"。一群善良、正直的人聚在一起，原本小小的公司也能具备很强的竞争力。无论做什么工作，善良的人都能以积极的态度，驱动自己向上成长；而恃才傲物的人，领导驾驭不了，也往往不得人心。

高阶理论

　　高阶理论（Upper Echelons Theory）是由汉布里克、梅森于1984年提出的，是指企业的战略选择以及绩效表现会受到高层管理团队成员的价值观、认知基础和风险偏好等心理特征因素的影响，但这些因素都很难直接进行测试或衡量，而只能通过一系列可以观测到的人口统计特征替代变量来反映，如年龄、教育程度、婚姻状况、职业经历、社会背景、财务结构、团队特征等。

为什么投资人不愿意投资夫妻档的公司？

　　当当网在成立十年的关头发生了两位原本是夫妻的创始人"宫斗"的戏码，最终的结果是创始人李国庆于2019年2月离开当当网转身创业。在舆论层面，这件事情的发酵也引起了大家对夫妻档公司这一模式的讨论。青松基金投资副总裁孟德洋称：我们投过挺多夫妻档公司，这个事一定是有利有弊，但是弊端更大。为什么投资人面对夫妻档的公司如此谨慎呢？

　　夫妻档公司胜在两人利益高度一致，加上有感情作为纽带，可谓最佳创业合伙人。但当公司发展到信任和利益可以靠制度来解决的时候，夫妻的优势已不再明显，问题也随之而来。然而，夫妻档公司的主要弊端，一是婚姻和感情的牢固度对公司经营控制权风险的影响大；二是夫妻创始人在决策机制上存在一定风险，因为双方难以明确谁是真正的决策者，这通常与双方在企业内部的经营管理角色不匹配，可能会导致较大的冲突。

　　高阶理论认为企业的战略选择以及绩效表现会受到高层管理团队成员的价值观、认知基础和风险偏好等心理特征因素的影响，高管的婚姻状况也不例外。亲人共事，难以客观地看待彼此，情绪上的撕扯会让进步的速度大打折扣。例如，当当网的一位高管曾表示：有时候开会，两位夫妻创始人吵起来，甚至不顾其他员工拍桌子走人，大家会感到不知所措。研究证明，高管团队内的情感冲突会影响高管的工作态度和精力，从而对公司绩效存在消极影响。

沃顿商学院的管理学教授南希·罗斯巴德在20世纪90年代调查过30对共同创业的夫妻，发现共同创业的家庭在家务分工上更不平等。在共同创业的家庭里，83%的妻子负责所有家务，65%的妻子负责所有家庭采购；而在双职工家庭里，只有49%的妻子负责所有家务，36%的妻子负责所有家庭采购。当夫妻一方是雇主，另一方是雇员或者辅佐的角色时，权力就会发生倾斜，然而亲密关系又需要双方平等相待，这种不平衡可能给公司和家庭带来双重压力。因此，许多投资者不愿投夫妻档公司，投创业公司风险已经够大了，何必再增加额外风险呢。

纵观夫妻创业，最终大有作为的几乎都是一方在恰当的时候选择退出，如马云、张瑛夫妻，张瑛作为阿里巴巴的"十八罗汉"之一，当阿里巴巴取得一定成绩后，选择回家相夫教子，这也不失为一种好的解决办法。

不可承受之重：公司高管婚变的经济后果研究

企业高管的婚姻问题不仅仅是其个人私事，更是牵动着所有利益相关者切身利益及其利益分配和再分配的重要事件。相关文献研究发现，高管离婚会影响高管的生产力、工作态度以及工作精力。尽管有时候高管离婚不需要分割公司股份，但是不可避免地需要分割其他个人资产，这样高管的资产组合更为集中，因此其会被更加风险厌恶。所以从高阶理论分析，高管离婚不仅会对公司绩效产生影响，而且该影响为负面。

从社会资本理论来看，高管离婚打破了高管的社会网络关系的均衡，损害了公司的社会资本，使得公司的社会网络被打破，社会资本受损，进而会损害公司价值、对公司绩效产生负面影响。从感情冲突理论来看，如果高管团队内存在相互之间个性不相容、关系对立的成员的话，那么就很容易在公司决策问题上产生意见分歧，进而导致团队成员之间的矛盾或敌对行为，最终影响团队的决策氛围和决策质量以及公司的绩效表现。从公司治理理论来看，高管离婚涉及股权分割必然会降低公司的股权集中度，而大量研究发现股权集中度与公司业绩相关。当高管持有公司股份可能会被强制出售或分割时，该高管在公司的影响力会下降,进而公司的董事构成、战略以及决策都有可能发生改变。

资料来源:徐莉萍,赖丹丹,辛宇,2015.不可承受之重:公司高管婚变的经济后果研究[J].管理世界(5):117-133.

为什么企业都偏好于使用股权激励?

万科为应对日渐激烈的市场竞争,三次改进其股权激励策略。前两次采用限制性股票、股票期权的方式,结果都不尽如人意。万科的第三次股权激励采取事业合伙人的方式,这种方式彻底激发了万科中高层管理人员的积极性。无独有偶,任正非拥有的华为股权为1.01%,剩余98.99%全部为华为员工持有。从现代企业的发展来看,公司的经营权和所有权分离是大趋势,然而两者分离的弊端也是显而易见的,股权激励恰恰是解决该问题的良策,也是现阶段很多公司常用的激励机制。为什么企业都偏好于使用股权激励?

现有文献大多认为,股权激励尤其是股票期权激励可以缓解公司股东与管理者之间的代理冲突。委托人与代理人之间存在两种不对称:一种是利益不对称,委托人追求的是自己的财富增长,而代理人追求的是工资收入、奢侈消费和闲暇时间的最大化,这必然导致两者的利益冲突;另一种是信息不对称,由于市场参与者具有异质性,不同的身份、经历等因素使得双方的信息量不对等,使得委托人对代理人缺乏足够的了解,也很难有足够的时间和精力去监视其一举一动。

实行股权激励的企业常常将代理人的报酬"搭载"到企业的业绩之上,使其他在为委托人利益服务的同时也为自己争取利益,就可以无形中激励代理人努力工作,从而进一步降低信息不对称带来的风险。对于委托人而言,即使没有掌握代理人足够的信息也没关系,因为代理人会为了奖励而自发努力工作,就能为他创造效益。股权激励,作为企业为了激励和留住核心人才而推行的一种长期激励机制,是常用的激励员工的方法之一。

关 键 概 念

总收益(total revenue):企业从销售其产品中得到的货币量。

收入（income）：不限于劳动收入，是指一定时期内的工资、利息、股息和其他有价物品的流入。所有收入的总和是国民收入，其中最大的部分是劳动收入，其形式为工资、薪水和附加福利；剩余部分是各种形式的财产收入，如租金、净利息、公司利润和业主收入等。

劳动力市场紧张程度（labor market tightness）：企业雇佣工人时面临的困难程度以及潜在的工人找到工作的难易程度。

市场收入（market income）：出售的生产要素的数量乘以生产要素的价格，包括劳动要素、财产要素等。

个人收入（personal income）：市场收入加上转移支付。

失业（unemployment）：在一定年龄范围内，符合工作条件、有工作意愿并且愿意接受现行的工资标准但是没有找到工作的状态。

失业率（unemployment rate）：失业人数和劳动力人数的比率。

失业的类型：①**摩擦性失业（frictional unemployment）**，生产过程中由于难以避免的摩擦而造成的短期的、局部性的失业，其大小取决于劳动力流动性、寻找工作所需要的时间和成本，以及就业信息渠道畅通与否；②**结构性失业（structural unemployment）**，劳动力的供给和需求不匹配所造成的失业，其特点是既有失业又有职位空缺，其主要原因是劳动力在各个部门之间的转移和流动需要成本，成本的高低取决于两个因素，一是不同产业部门之间的差异程度，二是劳动者的初始人力资本和培训机制；③**周期性失业（cyclical unemployment）**，整体经济的支出和产出水平下降，即经济的需求下降而造成的失业，和经济周期有关。

失业保险（unemployment insurance）：当工人失业时为他们提供部分收入保障的政府计划。

充分就业（full unemployment）：广泛意义上是指一切生产要素（包括劳动力）都有机会以自己愿意的报酬参加生产的状态。

自然失业率（natural rate of unemployment）：没有货币因素干扰的情况下，当劳动力市场和商品市场自发供求力量发生作用时，总供给和总需求处于均衡状态的失业率。

效率工资（efficiency wages）：企业为了提高工人生产率而支付的高于均衡水平的工资。

贝弗里奇曲线（beveridge curve）：反映职位空缺率与失业率之间负相关关系的曲线。

信息不对称（asymmetric information）：由于市场参与者具有异质性，不同的身份、经历等因素使得双方的信息量不对等，有些人拥有比其他人更多的信息，这就是信息不对称。信息不对称容易引发逆向选择和道德风险，会降低市场效率，导致市场失灵。

逆向选择（adverse selection）：在市场交易中，信息优势方利用信息使自己受益。对于信息劣势方而言，由于难以做出准确判断，会使得商品的市场价格扭曲，形成了"劣币驱逐良币"的局面，导致市场效率降低。比如，从某种程度来说，越是身体欠佳的人越倾向于购买保险以备不时之需，进一步促使保险价格增加。逆向选择源于事前的信息不对称。

道德风险（moral hazard）：从事经济活动的人在自身效用最大化的同时做出不利于他人的行动，或者当签约一方不完全承担风险后果时所采取的使自身效用最大化的自私行为。比如，投保人购买了车险以后，在行驶时心理上会比没有购买车险的人更加地大意。道德风险源于事后的信息不对称。

委托代理问题（principal-agent problem）：由于委托人与代理人之间存在两种不对称，一种是利益不对称，委托人追求的是自己的财富最大化，而代理人追求自己的工资津贴收入、闲暇时间等最大化，这必然导致两者的利益冲突；另一种是信息不对称，委托人掌握的信息量少于代理人，无法准确知道代理人的工作努力程度。所以对于委托人而言，如何确保代理人会按照自己的要求行事，就是委托代理问题。

劳动供给曲线（labor supply curve）：描绘劳动供给者愿意接受的工资和工作时间之间关系的曲线，其形状为一条向后弯曲的曲线，呈现出的劳动供给量随着工资上升先增加后逐渐减少的特征，向后弯曲是替代效应和收入效应综合影响的结果。

奥肯定律（Okun's law）：失业率每高于自然失业率一个百分点，实际GDP将低于潜在GDP两个百分点。实际GDP必须保持和潜在GDP同样快的增长，以防止失业率的上升。如果政府想让失业率下降，那么，该经济社会的实际GDP的增长必须快于潜在GDP的增长。

菲利普斯曲线（Phillips curve）：表明失业与通货膨胀存在一种交替关系的曲线，通货膨胀率高时，失业率低；通货膨胀率低时，失业率高。

机会成本（opportunity cost）：是指企业为从事某项经营活动而放弃另一项经营活动的机会，或利用一定资源获得某种收入时所放弃的另一种收入。另一项经营活动应取得的收益或另一种收入即为正在从事的经营活动的机会成本。

比较优势（comparative advantage）：一个生产者以低于另一个生产者的机会成本生产某种产品的能力。

沉没成本（sunk cost）：是指以往发生的，但与当前决策无关的费用。从决策的角度看，以往发生的费用只是造成当前状态的某个因素，当前决策所要考虑的是未来可能发生的费用及所带来的收益，而不考虑以往发生的费用。

替代效应（substitution effect）：实际收入不变的情况下某种商品价格变化对其替代品需求量的影响。例如，苹果和梨互为替代品。如果苹果的价格上涨，而梨的价格不变，那么相对于苹果而言，梨的价格在下降，消费者就会用梨来代替苹果，从而减少对苹果的需求。这种由于某种商品价格上升而引起的其他商品对这种商品的取代的现象就是替代效应。

收入效应（income effect）：货币收入不变的情况下，某种商品价格变化对其需求量的影响。如果某种商品价格上升，而消费者的货币收入不变，那么就意味着消费者的实际购买力在减少，从而对这种商品的需求会减少；反之，如果某种商品价格下降促使购买力增强，从而对这种商品的需求会增加。这种当某种商品价格上升（下降），而引起实际收入减少（增加）导致需求量减少（增加）的现象就是收入效应。

有效工资理论（efficiency-wage theory）：较高的工资会带来较高的生产率，这是因为较高的工资会使工人更健康、士气更高，且可以维持较低的人事变动率。

思 考 题

1. 在职场中，应该尽力提升短板还是尽可能发挥自身优势？
2. 职场内卷的根本成因是什么？我们应该如何应对？

参 考 文 献

陈信元，陈冬华，万华林，等，2009.地区差异、薪酬管制与高管腐败［J］.管理世界（11）：130-143.

杜创，2020.声誉、竞争与企业的边：兼论高质量发展背景下的国有企业重组［J］.经济研究，55（8）：153-170.

方军雄，2009. 我国上市公司高管的薪酬存在黏性吗？[J]. 经济研究，44（3）：110-124.

郭凯明，颜色，2015. 劳动力市场性别不平等与反歧视政策研究[J]. 经济研究，50（7）：42-56.

何仕金，2009. 上市公司高管天价薪酬是否符合中国国情[J]. 中国经贸（7）：76-77.

蒋冠宏，2022. 企业并购如何影响绩效：基于中国工业企业并购视角[J]. 管理世界，38（7）：196-212.

李博文，陆正飞，2023. 股权激励工具选择的自利性问题：来自A股上市公司执行董事获授权益的证据[J]. 经济研究，58（12）：113-131.

刘宝华，周微，张虹，2016. 高薪未必养廉：基于权力异化的视角[J]. 中国经济问题（6）：82-95.

柳光强，孔高文，2018. 高管海外经历是否提升了薪酬差距[J]. 管理世界，34（8）：130-142.

吕长江，郑慧莲，严明珠，等，2009. 上市公司股权激励制度设计：是激励还是福利？[J]. 管理世界，192（9）：133-147.

唐珏，郭长林，2024. 个税减免与企业薪酬策略[J]. 管理世界，40（5）：71-91.

王靖宇，刘红霞，2020. 央企高管薪酬激励、激励兼容与企业创新：基于薪酬管制的准自然实验[J]. 改革（2）：138-148.

徐莉萍，赖丹丹，辛宇，2015. 不可承受之重：公司高管婚变的经济后果研究[J]. 管理世界（5）：117-133.

徐细雄，刘星，2013. 放权改革、薪酬管制与企业高管腐败[J]. 管理世界（3）：119-132.

许楠，田涵艺，刘浩，2021. 创业团队的内部治理：协作需求、薪酬差距与团队稳定性[J]. 管理世界，37（4）：216-230.

张川川，王靖雯，2020. 性别角色与女性劳动力市场表现[J]. 经济学，19（3）：977-994.

张华，胡海川，卢颖，2018. 公司治理模式重构与控制权争夺：基于万科"控制权之争"的案例研究[J]. 管理评论，30（8）：276-290.

祝继高，李天时，YANG Tianxia，2021. 董事会中的不同声音：非控股股东董事的监督动机与监督效果[J]. 经济研究，56（5）：180-198.

BENNEDSEN M, SIMINTZI E, TSOUTSOURA M, et al., 2022. Do firms respond to gender pay gap transparency? [J]. The Journal of Finance, 77 (4): 2051-2091.

BIANCHI M, BOBBA M, 2013. Liquidity, risk, and occupational choices [J]. Review of Economic Studies, 80 (2): 491-511.

GOLDIN C, 2006. The quiet revolution that transformed women's employment, education, and family [J].American Economic Review, 96 (2): 1-21.

GOLDIN C, 2014. A grand gender convergence: its last chapter [J]. American Economic Review, 104 (4): 1091-1119.

HOMBERT J, SCHOAR A, SRAER D, et al., 2020. Can unemployment insurance spur entrepreneurial activity? evidence from France [J]. The Journal of Finance, 75 (3): 1247-1285.

MANUEL A, SONG M, DAVID R, 2017. Firm age, investment opportunities, and job creation [J]. The Journal of Finance, 72 (3): 999-1038.

MARIO D A, DANNY M, ISABELLE L BM, et al., 2017. For love and money: marital leadership in family firms [J]. Journal of Corporate Finance (46): 461-476.

MORCK R, YEUNG B, 2009. Never waste a good crisis: an historical perspective on comparative corporate governance [J]. Annual Review of Financial Economics, 1 (1): 145-179.

SHERMAN M G, TOOKES H E, 2022. Female representation in the academic finance profession [J]. The Journal of Finance, 77 (1): 317-365.

投资理财中的经济学

- 为什么会出现"疯狂的股市"?
- 为什么科学家也难免投机?
- 为什么在中国大多数城市租房比买房更划算?
- 为什么在二手车市场中难淘优质车?
- 为什么会掉入"贫穷的陷阱"?
- 为什么股票市场中投资者能靠信息赚钱?
- 为什么中国股票市场投资者会被"割韭菜"?
- 为什么投资者在投资决策时总是高买低卖?
- 为什么在负利率时代会加大贫富差距?
- 为什么很多人更愿意存大钱花小钱?
- 为什么"理财"的概念随处可见?
- 为什么老年人容易沦为集资诈骗案的受害人?
- 为什么理财产品说明书总是长篇大论、晦涩难懂?

市场上存在着各种各样的投资理财产品，往往使投资者眼花缭乱，而大多数投资理财产品的收益都有很大的不确定性。在做出投资决策之前，投资者往往会通过搜集各种信息，来衡量每种投资选择的收益大小。如关注一些媒体的报道、关注其他投资者的选择，利用公司对外公开的信息分析公司财务业绩、预测公司未来盈利能力等，在此基础上，投资者会对不同的投资选择的收益大小有一个心理预期。根据对待风险态度的不同，投资者可以分为风险回避者、爱好者和中立者，并且根据具体情况的不同，投资者对待风险的态度也会发生变化，根据处置效应理论，投资者面对投资盈利时常常表现为"风险回避者"，面对投资亏损时常常表现为"风险爱好者"。

在真实的资本市场中，投资者预测的收益往往与真实收益不符，不同的投资者对同一理财产品的收益预测也不相同。一方面是因为市场本身的客观不确定性；但另一方面与投资者的个人因素相关，通常情况下他们难以获得足够的信息来支撑其投资决策，加之其自身的专业知识和分析能力有限，因而他们的投资决策很大程度上受各种"消息"的影响，交易行为具有很大的盲目性。

传统金融理论认为，风险、收益和对风险的态度构成影响投资人决策的基本因素，假定投资者是完全理性的投资人，权衡风险与收益实现效用最大化的思想贯穿始终。观察真实世界，我们会发现"理性人"的假设存在很多缺陷。基于此，诺贝尔经济学奖得主赫伯特·西蒙提出了有限理性假说，他认为人是介于完全理性与非理性之间的"有限理性"的人。行为金融理论认为，在由"有限理性"投资者参与的证券市场中，信息代表不了一切，价格水平绝不仅仅是经济信息的总和。这也很好地解释了为什么人们常在投资活动中做出一些不符合利益最大化的行为，比如高买低卖、追涨杀跌、羊群效应等。有限理性还体现在人的行为决策会受到心理情绪的影响，大量调查表明，投资者所犯的错误有70%是由心理因素引起的。"暴富心理""从众心理""情感依托""锚定心理"等行为偏差在当下中国特殊文化背景下，具有典型的"中国特色"，它们与投资者的行为交互作用，导致中国股票市场上的个人投资者行为普遍存在"非理性"倾向。

本模块旨在引导读者了解投资理财的概念、特征等，培养读者的投资思维，辩证地分析处理各类信息，树立正确的理财观念，增强风险意识。

为什么会出现"疯狂的股市"?

A股成立时间短,从1990年我国上海、深圳证券交易所成立,至今也才三十余年,而在这短暂的时间里,发生过许多"疯狂"的事件。A股历史的第一个顶点是2007年10月16日创造的6124点,那一年股市上涨96.66%,前一年股市上涨130.43%,而到2008年10月28日,股市下跌至1664点,跌幅73%。股市的第二个顶点是2015年6月12日的5178点,随后3个月跌幅达到55%,同年7月还曾出现千股跌停、千股涨停的怪象。次年1月出台了熔断机制,四天两次熔断,全部交易所停止交易。

其实,股市中这些疯狂现象,就像经济学供求关系中的价值规律,任何商品的价格都受到市场供求关系的影响,"供"是分母,在股市中可以解释为各种股票和债券等;"求"是分子,比如,当股市处于上升状态时,受投机心理驱使,人们一旦进入股市,就犹如进入赌场那样,往往会失去理智而变得疯狂。这说明"求"在增大,而在"供"不变的情况下,股价就会上涨。当大家赢钱的时候,每赚一万元钱,高兴一阵子,再赚一万元,高兴的程度就没有前面赚的那一万元那么高了。这种随着赚的钱越多,而"幸福"度下降的现象,导致投机者为了得到更大的"幸福",而不断加大"赌注"。这样一来,当大家的"赌注"下得越多的时候,股市疯涨的速度就越快,而投机者就越发疯狂。

那么,股市什么时候会下跌呢?幸好人们还有胆怯恐惧的一面,一旦利好出尽,跟着的自然就是利空了,"求"就下降。"求"和"供"之比下降,股市下跌。而当股市一旦进入熊市,股民的撤离速度比他们当时买股票的速度要快得多。也就是说,投资人是希望企业做大蛋糕,这样作为股东,就能获得投资股票的分红;而投机者只是希望通过低买高卖,多切一块蛋糕。

为什么科学家也难免投机?

时任英国造币局局长的大科学家牛顿,曾跟很多英国人一样,买入了南海公司的股票。1720年1月,南海公司的股价为128英镑,之后开始了暴涨。后来他发现这只股票的投机性太强,于是卖掉,拿到了7000多英镑。有人问他未来市场走势会涨还是会跌，牛顿回答道：我可以计算天体的运动，却无法计算人类的疯狂。

南海公司的股价继续疯涨，牛顿看到周围的人在继续赚大钱，也没有按捺住自己，便再次入市。7月股价最高到了1050英镑，但之后便开始下跌。9月，最低跌到了175英镑，12月再跌至124英镑。南海泡沫破裂了，牛顿亏掉了20000英镑，这笔钱相当于现在千万元人民币的巨资。牛顿的投资只是一个缩影，当时还有更多的富豪血本无归，家破人亡。

经济学上的"泡沫"，主要是指因投机交易极度活跃，股票、房地产等的市场价格脱离实际价值大幅上涨，造成表面繁荣的经济现象。"泡沫"不断膨胀，总会破灭，一般来说，股市"泡沫"的破灭，往往会带来财富的损失和经济的凋敝。

关于南海泡沫出现的原因，有两种说法：一种将其归因于政府财政或货币政策的失误，实际上是反对政府的过度干预，认为"看得见的手"扰乱了市场的自发调节。另一种则认为政府的监管或相关配套制度严重滞后于金融发展，引发道德风险从而导致危机。无论是过分干预还是监管不力，这两种说法都是基于同一种视角，只是承认了政府对于市场的实际影响，为市场运行提供基本的条件，但这仍只是外在性的因素，而非内生性的。另一些经济学家则从内生性的因素即大众投资者的角度进行了研究，经济史学家金德尔伯格在"金融不稳定假说"的基础上提出了"过度交易"理论。他认为，随着经济的扩张，人们会产生疯狂的投机行为，狂热地把真实的货币转换为金融资产，从而导致全社会的过度交易，这使得货币流通速度和利率产生变化，并导致资产价格出现大幅度的波动，从而引发金融危机。

南海公司股价泡沫事件的教训主要是：公众缺少相应的股票知识。社会资金充裕，投资机会相对不足，股票扩容受限，供不应求。股价的暴涨使人们轻信"股票致富"的魅力，使越来越多的市民涌入股市，从而造成股市"泡沫"越吹越大，导致市场投机越来越疯狂，为股票市场的暴跌埋下祸根。

为什么在中国大多数城市租房比买房更划算？

原北京交响乐团首席圆号手、有"京城房地产投资第一人"之称的张羽冲，曾在节目中表示，自己现在只租房，不买房；马云曾给阿里员工发过一封题为《未来年轻人，要学会租房》的信，在信中他提到，如果是在1992年，他会鼓励年轻人买房，但当下更建议员工们租房，而不是买房，因为靠房地产拉动内需的时代已经过去了。与此同时，我们也会看到一些人为了买一套属于自己的房子，做了半辈子"房奴"，每月都要从微薄的工资中拿出一部分钱来还房贷。基于这些现象，越来越多的人意识到租房似乎比买房更划算。

在此我们引入"租售比"的概念，即每平方米使用面积月租金与每平方米建筑面积房价的比值。国际公认的房屋租售比应在1∶200到1∶300之间。而在中国一些城市，租售比远低于标准水平。显然，在这些城市，租房比买房划算。

如果将买房看作一项投资，我们来分析其收益率。中国房价上涨的黄金期已经过去，指数研究院常务副院长黄瑜曾预测，楼市达到15万亿元规模之后，市场将会达到一个顶点。至于未来房价如何，他用四个字概括：跌势已定。人口、经济、金融以及房屋现状等多个因素决定了未来房价很难继续上涨。在此背景下，想通过房子增值来获得收益，恐怕会有点难。从出租的角度来看，房子租金的收益率也往往低于基金等理财产品的收益率。因此，当下买房的收益并不被看好。

最后，随着"租售同权"一系列租房优惠政策的出台，人们对待买房和租房的态度也有所改变。房屋租赁优惠政策给予了租客们更多的保障，选择租房的人越来越多，尤其是初入职场的年轻人。

劣币驱逐良币

劣币驱逐良币（bad money drives out good）是指当一个国家同时流通两种实际价值不同而法定比价不变的货币时，实际价值高的货币（良币，如银币）必然会因被熔化、收藏或输出而退出流通领域，而实际价值低的货币（劣币）反而充斥市场。劣币驱逐良币由16世纪英国伊丽莎白财政大臣格雷欣提出，也称"格雷欣现象"。

当事人的信息不对称是"劣币驱逐良币"现象存在的基础。因为如果交易双方对货币的成色或者真伪都十分了解，劣币持有者就很难将手中的劣币用出去，或者，即使能够用出去也只能按照劣币的"实际"而非"法定"价值与对方进行交易。但事实上，劣质的货币同优质货币一样都具有相同的货币效益，即有破损的一块钱和崭新的一块钱购买力是相同的，所以有时这种现象也并非由信息不对称导致，而是自发性的好恶导致，其结果就是劣币逐渐增多，最终良币被淘汰。

为什么在二手车市场中难淘优质车？

2021年《台州市二手车行业消费调查报告》显示，有50%以上的受访者不太了解二手车信息，有73.3%的受访者不了解或者不知道二手车检测程序，有46.4%的受访者表示销售商对二手车重要信息提供不主动。此外，调查还发现，24.5%的受访者声称遇到过推销人员进行虚假宣传，73%的受访者收到过含有猫腻的按揭推荐，69%的受访者表示在购车合同方面碰到过合同不规范、混用定金和订金、签订合同后不履约、对销售车辆里程数是否准确不承担责任等问题。

因为买方与卖方之间存在信息不对称，买方不可能完全了解市场上二手车的质量。基于"理性人"假设，一边买方只愿意提供一个平均价格来弥补信息缺失的损失，另一边卖方肯定不愿意将质量高的二手车以平均价格拿到市场上售卖，因此只会提供质量低的二手车。为了把低质量的二手车以平均价格卖出，卖方可能会隐瞒二手车质量相关的重要信息，如里程数、擦碰情况、维修保养记录、保险理赔情况等，这极有可能使得买方以较高的价格购买了质量低于平均价格的二手车，那么下次买方也不会再提供平均价格了。如此往复，市场上的二手车质量就会越来越差，最终劣质车驱逐了优质车，占据了整个二手车市场。

马太效应

马太效应的名字来源于圣经《新约·马太福音》中的一则寓言。从前，一个国王要出门远行，临行前，交给三个仆人每人一锭银子，吩咐道："你们去做生意，等我回来时，再来见我。"国王回来时，第一个仆人说："主人，用你交给我的一锭银子，我已赚了十锭。"于是，国王奖励给他十座城邑。第二个仆人报告："主人，用你给我的一锭银子，我已赚了五锭。"于是，国王奖励给他五座城邑。第三个仆人报告："主人，你给我的一锭银子，我一直包在手帕里，怕丢失，一直没有拿出来。"

于是，国王命令将第三个仆人的一锭银子赏给第一个仆人，说："凡是少的，就连他所有的，也要夺过来。凡是多的，还要给他，叫他多多益善。"

这就是"马太效应",反映当今社会中存在的一个普遍现象,即赢者通吃。

为什么会掉入"贫穷的陷阱"?

2019 年诺贝尔经济学奖颁给了来自麻省理工学院的阿比吉特·巴纳吉、埃丝特·迪弗洛和来自哈佛大学的迈克尔·克雷默三位经济学家,原因是他们为全球的减贫事业作出了突出贡献。他们撰写的《贫穷的本质》一书中提到,对于几乎无钱可投的人来说,一旦收入或财富迅速增长的范围受限,那么他就会掉入"贫穷的陷阱"。

富人因为有更多的资本,在同等的收益率下,可以赚得更多;如果收益不好,穷人可能赔得精光,但富人因为有更多的投资选择,分散风险的方式更多,因此损失可能会很小。例如,穷人有 1 个鸡蛋,放在 1 个篮子里,富人有 10 个鸡蛋,放在 5 个篮子里。当灾难来临,穷人的篮子翻了,唯一的鸡蛋没了,富人的 3 个篮子翻了,损失了 6 个鸡蛋,但是他还剩 4 个。

另外,穷人往往受周围客观环境的限制,缺乏正确的信息来源,可能会做出错误的行为决策。例如,穷人可能不会意识到要学习技能、提高自身,也不知道如何去找一份好工作,也没有足够的知识和经验管理自己有限的财富,甚至连现有的财富都守不住。但富人获得信息的渠道要比穷人多得多,他们从小受过良好的教育,学习了众多的技能,有更多管理财富的锻炼机会,也更容易接触到"成功人士",眼界和见识更广阔,为未来财富的获得做好了充足的准备。

穷人因为其所处环境和自身的局限,难以获得足够的资源和信息,难以改变自身的境遇,现有的少量财富也面临着很大的损失风险。而富人在各方面的条件资源都具有优势,会形成一个良性的循环,往往财富也会不断增加。

为什么股票市场中投资者能靠信息赚钱?

你是否曾听说过一顿午餐的价格可高达几百万美元?

2019 年,巴菲特午餐的拍卖价达到 456.78 万美元,约 3000 万元人民币。也许有人会觉得这有点不可思议,那么这 3000 万元人民币究竟买的是什么?

其实大多数和巴菲特共进午餐的人都把这笔钱赚回来了。步步高集团董事长段永平说，巴菲特的观点在公开场合说得很清楚了，但是听他用很精辟的话说出来感受还是不一样，巴菲特不会跟你讲废话，他会把他体会最深的东西讲给你，慢慢琢磨，他说的话会让人心里更坚定，比如你不要做不懂的东西，不要做空，不要借钱。2006年，段永平在约饭巴菲特时，还带上了一位26岁的年轻人，这位年轻人当时并没有引起媒体的注意，这位26岁的小伙子就是黄峥，9年后他创办了拼多多，并于2018年在美国上市，市值300亿美元。

由此可见，这高昂的午餐实质上买的就是投资信息，具体来说是"股神"的见解与指引。在这场交易中，巴菲特出售的是自身的投资见解信息资源。

此外，根据相关法律规定，证券从业人员和证券监管人员不得持有或买卖股票。因为从事证券交易的人在每天的工作中，可以接触到普通人难以获得的投资信息，此时证券从业者和普通人之间就存在信息不对称的问题。如果证券从业者利用这些普通投资者接触不到的投资信息买卖股票，势必会扰乱股市秩序，损害其他投资者的合法权益。这一规定反映了信息在投资中的重要作用以及信息不对称产生的重大影响。

综上，投资中的各种信息资源都会对投资行为产生影响，谁能掌握更多的信息资源，谁往往就能在投资市场中赚到更多的钱。

中国A股市场的"大单异象"研究

基于中国A股市场单笔交易不低于10万股的股票交易数据，有研究发现一类全新的定价异象——"大单异象"，即股票在当月的大单净买量与其下个月的预期收益率之间存在明显的负相关关系，基于该异象构造的多空组合可实现年化20%的收益。此外，在市值规模较小、机构投资者持股比例更低、分析师关注较少以及卖空交易较不活跃的股票中，该异象更为显著。

中国股票市场中的散户投资者比例非常高。相比于机构投资者，个人投资者在信息获取和信息处理等方面都处于相对劣势。以散户投资者为代表的非知情交易者很有可能将大单交易作为一个可靠的信号进行交易。实践中也存在相关证据，例如市面上各类型跟踪主力资金流向的软件和应用层出不穷，财经媒体上也能看到类似推荐。然而，跟随大单投资真的可以实现收益吗？如果大单交易量能够在截面维度上预测股价走势，那其背后可能的原因是什么呢？显然，这些问题不仅对于检验中国资本市场的定价效率，提升我国资本市场有效性具有重要的价值，而且对于保护投资者权益，规范金融市场投资环境也意义重大。

基于中国 A 股市场大单交易数据，使用投资组合分析以及 Fama-MacBeth 回归的方法，验证了"大单异象"的存在性。进一步的，发现投资者的行为偏差（如羊群行为）与中小散户的过度反应是导致 A 股市场上大单异象的重要原因。

资料来源：许泳昊，徐鑫，朱菲菲，2022. 中国 A 股市场的"大单异象"研究［J］. 管理世界，38（7）：120-136.

为什么中国股票市场投资者会被"割韭菜"？

2022 年 1 月 4 日，上海市人民检察院披露了近年发生的一起操纵证券市场犯罪。犯罪嫌疑人和上市企业高管相互勾结，操纵股价，仅 3 名主犯的非法获利就超过 50 亿元。近年来中国股民被"割韭菜"的新闻报道层出不穷，涉案金额高达上亿元，为什么在中国股票市场会频繁出现投资者被"割韭菜"的现象呢？

上市公司等大资本家坐庄股市，用自己的股票套现散户手中的现金，等到散户现金全部或者大部分投入股票以后，庄家席卷现金离场，散户手中的股票无人接盘。这就是俗称的"割韭菜"。

为什么"割韭菜"的现象会频频出现在中国股票市场而不是美国股票市场，或者其他国家股票市场呢？首先，中国大多数上市公司，既不分红，也不允许二级市场出现的大股东进入董事会，因此在中国投资市场中，买卖股票的主要目的是投机。绝大多数散户进入股市并不选择分红但是股价波动小的蓝筹股，而是选择不分红但是股价波动大的垃圾股，散户们的现金也就被大资本家的股票一步一步套牢。

其次，中国自改革开放以来，逐步实行市场经济。在市场经济运作过程中，由于马太效应的存在，贫者越贫，富者越富，财富和资金向大资本家靠拢，散户的现金被大庄家"收割"，必然出现大资本家积累财富，其他社会成员积累负债的局面。

最后，由于机构投资者拥有资金、技术和人才的规模优势，所掌握的信息相对于个体投资者来说更加全面，而个体投资者在信息不完全的情况下，一般会观察其他投资者的行为，采取追随大众的投资策略，选择听信基金经理、机构的片面之言，这恰恰陷入了"割韭菜"的陷阱。一旦听到基金经理的"风吹草动",就指哪买哪,频繁地买进卖出,买涨杀跌,最后沦为股市资本家的"韭菜"。

因此,作为个体投资者应该具备独立思考的能力,不能从主观上去判断股票,必须对股票价格波动的原因进行客观分析,分析以后再看是否值得入市。同时对于散户来说,最重要的就是持续关注。

前景理论和处置效应

我们从以下几个问题出发。

问题1:假设你比今天更加富裕1000元,现在面临如下选择。

其中:N为受试者人数,括号中的百分数为做此选择的受试者比例(下同)。

A. 得到500元;(84%)N=70

B. 以50%的概率得到1000元,以50%的概率得到0元。(16%)

问题2:假设你比今天更加富裕2000元,现在被迫在下面二者之间作出选择。

A. 损失500元;(31%)N=68

B. 以50%的概率损失1000元,以50%的概率损失0元。(69%)

如果你与大多数人想的一样,那么说明:当面临以上两个问题时,可以看出以下三点。

(1)你将很少注意初始状况,即你比今天更加富裕一些。

(2)你认为这两个问题很不一样。

(3)如果你对其中一个问题选择冒险赌博,而对另一个问题选择确定性的结果的话,那么你更可能对问题1选择确定性结果,对问题2选择冒险赌博。上述试验的统计结果都在1%的水平上显著。

尽管这种想法非常自然,但是它违反了理性决策制度的一个重要原则。一个完全理性的决策制定者会把两个问题视为等同。因为如果按照财富状态的标准来衡量这两个问题是完全一样的。

道理非常简单:对于完全理性的决策制定者来说,最重要的是它最终的结果而不是在过程的得失。对于问题1或问题2,决策制定者要么都选择确定性结果，要么都选择冒险赌博。而不是像大多数人那样改变偏好。对于上述两个问题做出不同回答的人一定受到了与得失相关的不合理情绪的影响而不是在头脑中始终保持最大化财富效用的重要目标。下面是另外一个问题。

问题3：有人与你采用抛硬币的方式赌博，如果是正面，你损失100元，如果是反面，你至少得到多少才愿意参与这个赌博？

大多数人的回答是200～250元。这个数值反映了人们对盈利和损失的重视程度是不对称的。这种不对称性被称为损失回避。

我们从大多数人对上面这三个问题的回答中至少可以得到如下结论。

（1）人们更加看重财富的变化量而不是绝对量。

（2）人们在面临条件相当的损失前景时（如问题2）倾向于冒险赌博，而面临条件相当的盈利前景时（如问题1）倾向于接受确定性盈利。

（3）盈利带来的快乐与等量的损失带来的痛苦不相等，后者大于前者。

为什么投资者在投资决策时总是高买低卖？

1998年，美国行为金融学家奥登分析了一位经纪商手中一万多个账户从1987年到1993年每天的买入卖出记录，发现个人账户中下跌股票的持股时间比上涨的股票高20%。这说明大部分投资者在处置股票时，倾向于卖出赚钱的股票，继续持有赔钱的股票。但是从经济性的角度来看，要实现效用最大化，应该持有上涨股票来赚取更多收益，卖出下跌的股票并及时止损。那么，到底是什么原因导致人们采取相反的做法呢？

经典金融理论将投资者的决策行为视为黑箱，笼统为一个投资者追求预期效用最大化的过程，不会受到主观心理及行为因素左右。但是大量实验研究证明人们会背离预期效用理论，而且人们并不只是偶然背离理性原则，而是经常性、系统性的背离。以期望理论为代表的行为金融理论认为投资者并不具有完全理性，而只有有限理性，有限理性对人们很多偏离理性的投资决策行为进行了更贴合实际的合理解释。

行为经济学家研究发现，"高买低卖"是一种典型的投资者认知偏差——处置效应，具体表现为投资者对于投资盈利的"确定性心理"和对于亏损的"损失厌恶心理"，通常情况下：当投资者处于盈利状态时是风险规避者，往往厌恶风险，喜欢见好就收；而处于亏损状态时是风险偏好者，总是期待着情况会发生好转。市场投资者身上有两种心理状态，分别是损失厌恶和后悔厌恶。前者是指投资者手中有盈利的股票时害怕未来会造成损失，就形成了损失厌恶；后者是指投资者手中的股票刚开始发生损失时，投资者总是认为它会在未来的日子里不断上涨，不希望后悔。正是这两种心理的存在造成了投资者的心理认知偏差，导致出现"高买低卖"的现象。

在投资路上，不少的投资者，包括基金经理在内都遇到过这样的场景：看着自己长期表现不佳的资产，告诉自己要"长期投资"；相反，看着自己盈利的资产，却总是着急卖出。或许很多人都认为，上涨的股票接下来会下跌，而下跌的股票会触底反弹，高买低卖的做法是可以增加收益的。但是事实并非如此，通过统计学样本分析发现，上涨股票年收益率比下跌股票高4%，由此可见，高买低卖不是理性的决策。

我们要想克服处置效应这种心理偏差，应该学会及时止损，定期审视自己的每一笔投资，坚持学习，建立自己的投资体系并且严格执行。面对处置效应，我们最理性的决策就是"截断亏损，让收益奔跑"。

为什么在负利率时代会加大贫富差距？

2021年中国央行宣布下调金融机构人民币存贷款基准利率及金融机构人民币存款准备金率，连续两个月实际消费价格指数（consumer price index，CPI）高于一年期存款基准利率意味着中国正式进入"负利率"时代。中国自2010年2月CPI达到2.7%后，开始进入负利率时代。

负利率时代是指在某些经济情况下，存款利率小于同期CPI的上涨幅度，这时居民的银行存款随着时间的推移，购买力逐渐降低，看起来就像是你将钱存进银行，银行拿你的钱去生利，反而掉头还向你收取管理费一样，故被形象地称为"负利率"。以2010年的数据为例，2010年8月份CPI同比上涨3.5%，创22个月来新高，同时期银行一年期存款利率为2.25%，居民一年期定期存款实际贬值达1.25%。这意味着长期下来，你在银行有10000元存款，一年后实际缩水超过125元。

负利率最为直观的影响就是居民放在银行里的存款会越存越缩水，既然我们都知道钱放在银行会缩水，那为什么在2022年，储户存款会猛增5.41万亿元，远超往年平均水平呢？这是由于受疫情冲击，加剧了人们对于风险的恐慌，尤其对于大部分中低收入者来说，住房、教育、养老、医疗等费用在不断提高，他们"被迫"将钱存在银行，产生了"强制性储蓄"，于是穷人的钱越来越少。

而对于富人来说，他们不愿意看到自己的钱存在银行白白减少，再加上自身抵御风险能力较强，他们积极地将目光投向股市、房地产还有期货市场。同时，负利率时代还意味着贷款利率低，低利率诱发巨大的信贷需求和资金需求，投机更疯狂，富人赚得更多。

由此，我们可以看到负利率加剧了"穷人更穷，富人更富"的社会现象，带来了社会分配不公的恶果。要想手里的钱不凭空减少，我们应该学会投资理财，学习专业的投资理财知识，对宏观经济变化、行业和公司基本面等有深入的研究和把握，也可以通过购买不同的基金产品来进行理财，分散风险，而不是将"闲钱"存在银行。

为什么很多人更愿意存大钱花小钱？

以色列经济学家兰兹博格研究了第二次世界大战后以色列人在收到联邦德国政府赔款后的消费问题。每个家庭和个人得到的赔偿各不相同，有的人获得的赔偿多达他们年收入的60%，而最低的赔偿大约只是年收入的7%。兰兹博格发现，获得赔偿较多的家庭，平均消费率为0.23，而获得赔偿较少的家庭，他们的平均消费率竟然能高达2，为什么获得赔偿较多的家庭存钱较多，而获得赔偿较少的家庭会倾向于把钱花出去？为什么同样是钱大家却会区别对待？

"心理账户"是芝加哥大学教授理查德·塞勒提出的概念，塞勒认为：人们在消费行为中之所以受到"沉没成本"的影响，一个可能的解释是卡尼曼教授等提出的"前景理论"，另一个可能的解释就是推测个体潜意识中存在的心理账户系统。人们在消费决策时把过去的投入和现在的付出加在一起作为总成本，来衡量决策的后果。这种对金钱分门别类地分账管理和预算的心理过程就是"心理账户"的估价过程。在生活中，我们会区别对待不同来源的收入，将钱放在不同的"心理账户"，比如自己辛苦赚的工资和彩票中奖的钱，在同等金额的条件下人们往往更看重工资而轻视彩票中奖的钱。面对自己辛苦工作得来的工资，人们往往会精打细算，而面对"天上掉馅饼"一般的彩票奖金，人们往往挥霍一空。美国彩票运营机构在2015年的一项研究表明，44%赢得彩票大奖的人都将彩票奖金挥霍一空，五年之内破产。即便是同种收入来源，有时候也会因为钱数量的多少，将其分开对待，因此人们更倾向于把较多的钱放在更长期谨慎的账户里，而把零钱放在短期的消费账户里。

家庭生命周期理论

  生命周期对家庭金融资产配置的影响不可忽视，根据家庭生命周期理论，孩子的诞生会改变家庭结构，使家庭进入新的周期，而孩子教育等预期支出也会影响家庭当前的经济决策，收入作为家庭经济实力的代表，会对家庭消费与投资产生根源性影响。1985年美国经济学家、诺贝尔经济学奖获得者Franco Modigliani提出的生命周期理论，成为西方发达国家理财的理论基础。该理论把生命分为单身期、家庭形成期、家庭成长期、退休前期和衰老期五个阶段，其核心思想是依据生命的阶段特征设置理财目标，家庭处于生命周期的不同阶段，其资产、负债状况会有很大不同，理财需求和理财重点也应有差异。

  资料来源：王韧，许豪，张双双，2022.子女结构会影响家庭金融资产配置吗：来自中国家庭金融调查（CHFS）的证据［J］.山西财经大学学报，44（3）：58-71.

为什么"理财"的概念随处可见？

  在生活中，我们被告知要学会理财，我们被推销理财产品，"理财"的概念无处不在。网络上存在大量向专业人士求助投资理财建议的帖子，但是世界上大部分有理财需求的人并不是专业人士，这时候要如何确定自己的理财计划呢？我们先要明确理财是什么。理财其实是一种个人或家庭的人生规划，根本上是指我们要善用钱财，尽量使得个人及家庭的财务状况处于最佳状态，从而提高生活质量。如何有效地利用每一分钱，如何及时地把握每一个投资机会，是理财的关键所在。既然理财就会涉及投资，投资与理财是什么关系呢？投资是钱生钱，是理财的重要部分。理财不仅仅是投资，还是对财富的有效管理，是所有与财富有关的金融活动的总称。现在我们思考一个问题，如果你有10万元闲置资金，该如何投资呢？每个人的选择方案应该都不相同，但应该明确的是不要"把鸡蛋全部放进一个篮子里"。一套经典方案是：4 万元用于银行存款，虽收益低，但风险小，稳定性强；3 万元用于购买国债，国债收益高于存款，且风险也小，有很强的流动性；2 万元用于购买股票，做风险投资，虽风险大，但可能带来较高的收益；根据家庭成员身体状况及财产状况，1 万元用于购买保险，以防意外风险。其实这是根据目前我国家庭收入情况，由专家提出的投资组合理论，也就是比较稳妥的组合投资方式，即"四三二一"方案。看完这个投资方案，你是否有了自己的思考与重新选择呢？

子女性别与家庭金融资产选择

大量研究表明，父母和由他们所塑造的家庭环境会在潜移默化中影响子女的成长和行为。然而，越来越多的学者发现，子女也会反过来影响父母的行为和决策。

研究发现，子女性别会影响家庭金融资产选择。男孩会通过"为儿买房"机制增加家庭储蓄率、减少风险资产投资，且这一影响机制与传宗接代等"男孩偏好"的传统文化息息相关，家庭为了给男孩买房，增强其在婚姻市场中的竞争力不得不进行高储蓄，并减少风险资产投资，即存在"怜子效应"。

相对儿子来讲，由于女儿对父母提供的经济支持、生活照料和情感支持等代际支持相对更多，"反哺效应"更强，不但给了父母更多经济上的安全感，对父母付出的照料和陪伴时间也更多，即女儿在对父母的代际支持中发挥着越来越重要的作用，进而拥有女儿的家庭参与养老和医疗保险的概率相对更低。此外，通过对贝克尔所提出的财产倒逼动机进行检验，发现拥有更多的金融资产从而倒逼子女的代际支持不是子女性别影响家庭金融资产选择的原因。

资料来源：梁斌，陈茹，2022.子女性别与家庭金融资产选择［J］.经济学（季刊），22（4）：1299-1318.

为什么老年人容易沦为集资诈骗案的受害人？

2022年5月16日，内蒙古自治区鄂尔多斯市中级人民法院依法公开宣判鄂尔多斯市易享城电子商务有限公司、被告人王孝凯等人涉嫌集资诈骗罪、非法吸收公众存款罪、重婚罪、窝藏罪一案。该案是全国"打击整治养老诈骗专项行动"以来，内蒙古自治区首例宣判的涉养老诈骗案件。公安部2021年5月17日发布养老领域集资风险提示，揭露一些机构和企业打着"养老服务""健康养老"等名义，以"高利益、高回报"为诱饵，实施非法集资活动吸收老年人的钱，给老年人造成严重财产损失和精神伤害，存在重大风险隐患。他们常用的手段大多为开讲座、办活动、销售老年产品、诱导老年人交养老会员费、投资加盟养老项目、集资筹建养老公寓等。结果高额利息无法兑现、资金安全无法保障、养老需求不能满足，老年人的钱就这么不翼而飞了。这属于特定针对老年人群的非法集资案件。

从法律定义来看，非法集资是指法人、其他组织或个人，未经有权机关批准，向社会募集资金的行为。非法集资的对象则是特定的，即行为人是针对某一特定的人或单位实施诈骗行为并获取其钱财。而老年人群体往往是非法集资的对象，原因是老年人对新鲜事物认知较少，缺乏判断力，且大多数老年人对养生保健类的东西都很执着，坚信这些东西能够提高身体机能、改善身体状况。这往往使骗子有机可乘。老年人在面对理财产品的时候如何擦亮眼睛呢？首先，要明确理财产品不是致富手段，也无法一夜暴富；其次，选择理财产品时要通过正规渠道，辨别合法与非法的理财产品，警惕收益极高的理财产品；最后，进行理财投资时要注意合理分配资金，不要"把鸡蛋都放在一个篮子里"。

为什么理财产品说明书总是长篇大论、晦涩难懂？

2016年5月11日，央广网报道投资者在表达对理财产品说明书的感受时，大多数人有这样的感觉：这里的每个字我都认识，为什么放一起就这么难懂？近年来，投资银行理财产品成了理财的热门选择，但是理性的投资者都知道，投资就是收益和风险并存的。广告里只会大肆渲染收益，而风险往往隐藏在理财产品说明书里，它的重要性可想而知。然而，投资者普遍反映，这些说明书一般都晦涩难懂，对投资者有价值的细节往往因为写得过于专业而被漏读。关键是，对于这些问题，银行工作人员要么是客户不问便不说，要么就是笼统含糊地一句带过。

说这些理财产品说明书是故作高深，恐怕也不合适，毕竟那些专业名词就是那么设计的。买普通商品还讲究一个消费者的知情权，怎么涉及投资者"血汗钱"所面临的风险，反倒打起了"哑谜"？要说编出这种说明书是银行的无心之举，恐怕说服力实在不强。实际上，银行和投资者本就是一方的，刻意设计的文字游戏只能让投资者望而却步，一起规避风险才能持久共赢。

针对理财产品说明书晦涩难懂的问题，无可否认，理财产品涉及金钱交易，规定的事项固然很多，详细的文字介绍也是对投资人知情权的保护。但是，也必须承认的是，制作理财产品说明书的人会刻意置入大量的专业知识，让没有相关金融基础的人难以有耐心阅读下去，导致难以看懂。而且大部分理财产品说明书都会把产品的优势如收益高等放在说明书最前面，把涉及风险的部分放在说明书较后的位置。在经济学理论中，高收益永远对应高风险，即使再稳定的理财产品都逃不开风险。不同风险偏好的投资者选择不同，但理财产品说明书往往忽略强调理财产品的风险性，造成购买者与金融机构存在信息不对称，从而导致投资人可能会做出错误的购买选择。

关 键 概 念

投资（investment）：一种为增加未来产出而放弃当前消费的经济活动，包括有形投资（如房屋）和无形投资（如教育）。净投资是总投资扣除折旧后的价值。总投资是没有扣除折旧的投资。在金融术语中，投资的含义完全不同，它指的是对于股票或债券等证券的购买。

风险回避（risk avoidance）：考虑影响预定目标达成的诸多风险因素，结合决策者自身的风险偏好性和风险承受能力，从而做出的中止、放弃或调整、改变某种决策方案风险的处理方式。

风险偏好（risk appetite）：进行风险投资时对具有同一期望报酬的投资中宁愿选择风险程度更大的投资。

风险中性（risk neutral）：在无风险条件下持有一笔货币财富的效用等于在风险条件下持有一笔货币财富的效用。

期望效用（expected utility）：消费者在不确定条件下可能获得的各种结果的效用的加权平均数。

处置效应（disposition effect）：投资人在处置股票时，倾向卖出赚钱的股票、继续持有赔钱的股票，也就是所谓的"出赢保亏"效应。这意味着当投资者处于盈利状态时是风险回避者，而处于亏损状态时是风险偏好者。

理性人假设（hypothesis of rational man）：又称经济人假设，或最大化原则。每一个从事经济活动的人所采取的经济行为都是力图以自己最小经济代价去获得最大的经济利益。

有限理性假设（bounded rationality）：人的理性是在完全理性和非理性之间的一种有限理性，这是由于人的知识、时间和精力是有限的，其价值取向和多元目标并非始终如一，而是经常相互抵触，而现实决策环境则是不确定和极其复杂的。

持有货币的动机有以下三种。

（1）**交易动机（transaction motive）**：个人和企业需要货币是为了进行正常的交易活动。出于交易动机的货币需求量主要决定于收入，收入越高，交易数量越大。

（2）**谨慎动机或预防动机（precautionary motive）**：为预防意外支出而持有一部分货币的动机，产生于未来收入和支出的不确定性。

（3）**投机动机（speculative motive）**：人们为了抓住有利的购买有价证券的机会而持有一部分货币的动机。债券价格与利率成反比。凡预计债券价格将上涨（即预期利率将下降）的人，就会用货币买进债券以备日后以更高价格卖出；反之，凡预计债券价格将下跌（即预期利率将上升）的人，就会卖出债券保存货币以备日后债券价格下跌时再买进。

边际效益递减规律（the law of diminishing marginal utility）：也称边际效益递减法则、边际贡献递减法则，这是经济学的一个基本概念，是指在一个以资源作为投入的企业，单位资源投入对产品产出的效用是不断递减的，换句话说，就是虽然其产出总量是递增的，但是其二阶导数为负，使得其增长速度不断变慢，使得其最终趋于峰值，并有可能衰退，即可变要素的边际产量会递减。

经济泡沫（economic bubble）：一系列资产（尤其是虚拟资本）价格膨胀，即在一个连续过程中大幅度上涨，使其市场价格远远超过了它实际代表的价值，形成虚假繁荣和含有过多"泡沫"的经济总量。

自由放任（"别来管我"）laissez-faire（"leave us alone"）：这是一种观点，认为政府应尽可能地减少干预经济活动，而让市场去做决策。按照斯密等古典经济学家的表述，这一观点明确认为政府的作用应限于法律和维持秩序、国防、提供私人企业不愿意提供的某些公共品（如公共保健和环境卫生）。

金融不稳定假说（financial instability hypothesis）：以商业银行为代表的信用创造机构和借款人相关的特征使金融体系具有天然的内在不稳定性，即不稳定性是现代金融制度的基本特征。

劣币驱逐良币（bad money drives out good）：当一个国家同时流通两种实际价值不同而法定比价不变的货币时，实际价值高的货币（良币，如银币）必然要被熔化、收藏或输出而退出流通领域，而实际价值低的货币（劣币）反而充斥市场。

贫穷陷阱（poverty trap）：落后国家之所以贫穷，是由于每一个人的平均所得太低，又缺乏足够的需求刺激投资，而且也无足够的储蓄来提供投资，导致资金投资不足，生产力低下，所得无法提高，因此长期陷入贫穷之中而无法自拔。

做空（short sale/short-selling）：股票期货市场常见的一种操作方式，操作为预期股票期货市场会有下跌趋势，操作者将手中筹码按市价卖出，等股票期货下跌之后再买入，赚取中间差价。

做多（going-long）：投资者判断股票证券行情有上涨趋势，以现价买入之后持股待涨，然后在股票、外汇或期货上涨之后卖出，赚取中间的差价，总体来说就是先买后卖。

一级市场（primary market）：又称发行市场或初级市场，是资本需求者将证券首次出售给公众时形成的市场。

二级市场（secondary market）：又称证券交易市场、次级市场、证券流通市场，是指已发行的有价证券买卖流通的场所，是有价证券所有权转让的市场。

基准利率（benchmark interest rate）：金融市场上具有普遍参照作用的利率，其他利率水平或金融资产价格均可根据这一基准利率水平来确定。基准利率具有市场性、基础性、传递性特征。基准利率是利率的核心，它在整个金融市场和利率体系中处于关键地位，起决定作用，它的变化决定了其他各种利率的变化。

强制储蓄（forced saving）：城乡居民储蓄存款中并非由于生活节余而自愿存入银行的部分，通常是在市场供求不平衡的短缺经济环境里，城乡居民接到收入后，想买而买不到合适的商品，从而不得不把本来应该用于消费的货币存入银行。随着社会生产力的发展、市场供应能力的改善，这种强制储蓄在银行储蓄存款总额中的比重会逐渐下降直至全部消失。

风险报酬（risk premiums）：投资者因冒风险进行投资而要求的，超过无风险报酬的额外报酬。风险和报酬的基本关系是风险越大，要求的报酬越高。

分散风险（diversification）：增加同类风险单位的数目来提高未来损失的可预测性，以达到降低风险发生可能性的目的。

流动性偏好（liquidity preference）：人们愿意以货币形式或存款形式保持某一部分财富，而不愿以股票、债券等资本形式保持财富的一种心理的动机。

心理偏差（mental bias）：有限理性的决策者对外部信息进行识别、编辑、评价等认知活动中系统产生的、有偏于理性人假设的心理现象。

前景理论（prospect theory）：又称展望理论，由丹尼尔·卡内曼和阿莫斯·特沃斯基教授提出，将心理学研究应用在经济学中，在不确定情况下的人为判断和决策方面作出了突出贡献。针对长期以来沿用的理性人假设，展望理论从实证研究出发，从人的心理特质、行为特征揭示了影响选择行为的非理性心理因素。

资产增值（asset appreciation）：是原有资产经过一个时期的管理、经营，使其价值得到提升的结果。它包括有形资产（如现金、可兑现的证券、股票和固定资产）和无形资产（如专利、商标等）两个部分。

对冲（hedge）：是一个金融学术语，指特意降低另一项投资风险的投资。它是一种在降低商业风险的同时仍然能在投资中获利的手法。一般对冲是同时进行两笔行情相关、方向相反、数量相当、盈亏相抵的交易。

资本回收率（rate of return of capital）：又称资本收益率，是在一项投资或一件资本品上的收益。

理性预期假说（rational-expectations hypothesis）：这一假说认为人们可以对未来做出的无偏估计，并且人们是利用了所有可利用的信息和经济理论做出这些估计和预测的。

思 考 题

1. 叙述有效市场假说，结合实情思考中国股市目前处于哪个层次的有效市场？
2. 在"为什么在二手车市场中难淘优质车"的案例中，由于人与人之间互相不信任，出现了劣币驱逐良币的现象，有什么方法可以改善这一现象？

参 考 文 献

梁斌，陈茹，2022.子女性别与家庭金融资产选择[J].经济学（季刊），22（4）：1299-1318.

许泳昊，徐鑫，朱菲菲，2022.中国A股市场的"大单异象"研究[J].管理世界，38（7）：120-136.

马丽，2016.中国股票市场羊群效应实证分析[J].南开经济研究（1）：144-153.

李心丹，2005.行为金融理论：研究体系及展望[J].金融研究（1）：175-190.

宫汝凯，2021.信息不对称、过度自信与股价变动[J].金融研究（6）：152-169.

何诚颖，陈锐，蓝海平，等,2014.投资者非持续性过度自信与股市反转效应[J].管理世界（8）：44-54.

谭松涛，2007.行为金融理论：基于投资者交易行为的视角[J].管理世界（8）：140-150.

李心丹，王冀宁，傅浩，2002.中国个体证券投资者交易行为的实证研究[J].经济研究（11）：54-63.

赵学军，王永宏，2001.中国股市"处置效应"的实证分析[J].金融研究（7）：92-97.

陈思进，2015.股市太疯狂，已经有泡沫[J].中国经济周刊（17）：17.

史超，2007.起起落落说"股"事（之三）"南海泡沫"：股市"泡沫"篇[J].宏观经济管理（8）：68-70.

ADAM K, MARCET A, NICOLINI J P, 2016. Stock market volatility and learning [J]. The Journal of Finance, 71 (1): 33-82.

ANDREW A, ROBERT J H, YUHANG X, et al., 2006. The cross-section of volatility and expected returns [J]. The Journal of Finance, 61 (1): 259-299.

VICTORIA A, STIG M, RICHARD P, 2019. Consumption fluctuations and expected returns [J]. The Journal of Finance, 75 (3): 1677-1713.

MARTEL J M, MIRKIN K, WATERS B, 2022. Learning by owning in a lemons market [J]. The Journal of Finance, 77 (3): 1737-1785.

民生保障中的经济学

- 为什么不建议廉租房配备独立厕所？
- 为什么长沙房价相比同类省会城市房价较低？
- 为什么说"谷贱伤农"？
- 为什么要对部分农产品实行最低限价？
- 为什么我国要实施乡村振兴战略？
- 为什么我国个人所得税采用超额累进税制？
- 为什么我国实施划片区就近入学？
- 为什么传统意义上的"养儿防老"很难解决当下的养老问题？
- 为什么在现行的医疗保险制度下没有实现全民参保？
- 为什么不能通过印钞的方式来降低失业率？
- 为什么公共物品更容易损坏？
- 为什么我国不能实行"从摇篮到坟墓"的养老制度？
- 为什么垃圾中转站选址很重要？
- 为什么互联网巨头疯狂抢占社区团购份额？

民生保障包括教育、就业、医疗卫生、住房保障、文化体育等领域的公共服务。民生保障是国家进步的基础，是社会和谐的根本。然而在当前社会中，教育资源分配不公平、城乡发展不均衡、养老保障问题突出、看病艰难且费用昂贵等民生保障问题一直困扰着人们的生活。那么我们如何从经济学角度来对民生保障问题进行分析？

政府通过提供公共物品来保障和改善民生。但由于公共物品具有非排他性和非竞争性，人们的搭便车行为会导致其使用过度、维护不足，最终导致"公地悲剧"的重演。即当使用稀缺资源的私人成本小于社会成本时，人们往往选择个人利益而破坏社会利益，最终却会导致每个人的利益受损。因此，必须通过明晰产权、明确权责的方式，建立有效的公共物品管理机制，使私人收益与私人成本相对应，确保公共物品得到合理使用和维护。

就资源配置而言，资源总是表现出相对的稀缺性。为实现有效资源配置，应当把"效率优先、兼顾公平"这一原则作为分配的基本准则。住房、收入、教育等稀缺资源的配置是否合理，对一个国家经济发展和民生保障的成败有着极其重要的影响。而讨论民生保障话题自然离不开对农产品价格问题的分析。从经济学原理的角度来看，农产品价格形成的背后离不开供需关系、生产成本、市场结构、政府调控和其他外部因素的作用。

民生保障中的经济学是一个涵盖广泛、值得深度挖掘的课题，它涉及养老和医疗保障、公共服务、资源配置、市场供需等多个方面的内容。本模块针对社会重点关注的住房、教育、医疗、养老等方面的民生保障政策进行深入分析，剖析其背后的经济学原理，以期为读者提供一个全新的视角来审视和思考民生保障中的经济问题。

保障性住房

经济体制改革以来，特别是政府在住房领域实施的一系列改革措施，如鼓励住房私有化、住房分配货币化等，较大地改善了城镇居民的居住条件，城市人均住房建筑面积从1978年的6.7平方米提高到2002年的22.8平方米。但总的来说，仍不甚理想。目前，全国城镇尚有1.5亿间危旧房屋需要改造，156万户家庭缺房，35万户家庭的人均建筑面积在8平方米以下。改善居民的居住条件、解决中低收入家庭的住房问题，仍是我国政府所面临的首要任务之一。

随着我国城镇住房制度改革的不断深入，市场机制在优化住房资源配置和提高住房资源配置效率等方面已发挥着基础性作用。但是，由于市场失灵问题的存在，中低收入家庭在居住方面往往表现为支付能力不足，仅靠其自身的力量难以解决基本居住问题。特别是近几年城镇商品房价格的快速上涨，使得住房价格已远远超出了中低收入居民的正常经济承受能力，要解决这部分居民的居住问题，政府必须建立和实施住房保障制度。实行住房制度改革以来，为改善居民的居住条件，特别是解决中低收入居民的居住问题，我国政府采取了一系列政策。经济适用房、廉租房和住房公积金政策共同构成了我国目前城镇住房保障体系的主要内容，这三项政策在解决中低收入家庭住房问题上发挥了一定的作用。但这三项住房保障措施在实施过程中均出现了这样或那样的问题，使得现有住房保障制度的实施效果很不明显，难以令人满意。这要求我们对现行城镇住房保障制度进行全方位的思考，根据我国城镇社会经济和住房发展的实际情况，构建一个更为科学、合理、高效、公平的城镇住房保障制度，以更好地解决城镇中低收入居民的住房问题，促进和谐社会的建立。

资料来源：郭玉坤，2006.中国城镇住房保障制度研究［D］.西南财经大学.

为什么不建议廉租房配备独立厕所？

根据国家统计局相关数据显示，2020年合肥、青岛、武汉等地的住宅商品房平均销售价格都已经超过了14000元/平方米，上海、厦门等地的住宅商品房平均销售价格更是高达30000元/平方米以上，同时，2020年上海居民人均可支配收入为72232元，厦门居民人均可支配收入为58140元，而全国居民人均可支配收入为32189元，因此对于许多人来说，买房是比较困难的，只能选择租房。

对于这种廉租房应该如何建设，很多人有不同看法。大部分人希望能建设得更好，生活配套完善，能够媲美商品房。但根据薛兆丰教授的观点，廉租房本来也无法保障相关群体权益，它们不仅不应该配备与商品房一样的设施，也不应该配备独立厕所。因为根据"经济人"假设，人都是自利的，每个人都以自身利益最大化为目标。如果廉租房配备和商品房类似的设施，那必然有许多本不符合申报条件的人通过各种渠道抢占这份稀缺资源，使得政策不能发挥出理想效果。

廉租房帮助的是既无力购买商品房又无力购买经济适用房的城镇最低收入家庭。另外通过不设独立厕所这一举措，政府筛选出真正需要廉租房的群体，提高政策效率，符合我国在初级阶段处理效率与公平关系的基本准则："效率优先，兼顾公平"。

建设低标准的廉租房还有一个好处，就是当这些租户的收入提高、情况好转以后，会主动退出廉租房，去寻找条件更好的住房。在别的国家就曾出现过这样的情况：客户条件改善后不愿退出廉租房，还想继续享受廉租房的优惠，而政府又很难请他们走。但是如果廉租房条件较差，他们就比较容易主动退出，去寻找适合于自己收入水平的住房。由于资源的稀缺性，完善退租机制对于实现廉租房的可持续发展有着重要意义。

为什么长沙房价相比同类省会城市房价较低？

据国家统计局主要城市房地产数据显示，2020年合肥住宅商品房平均销售价格为15265元/平方米，意味着买一套上百平方米的房子，加上需要缴纳的税等一些其他的费用，需要花费不低于150万元。而2020年合肥在岗职工平均工资为10.48万元，即使一年省吃俭用只用5万元，也需要将近30年的时间才能够买下一套房。除了合肥，南昌和武汉的房价均价也分别达到了10866元/平方米和14672元/平方米。而作为与以上省会城市有着相近生产总值水平的长沙，其2020年在岗职工平均工资为10.56万元，比合肥稍高，但房价均价为9112元/平方米，比合肥低很多。

多年来长沙房价保持平稳的重要原因之一是供地充足。2019年，长沙实际建成区面积比2000年的119平方千米扩展了3.07倍，2003—2019年长沙市建成区面积和建设用地面积的年均增速分别为8.3%、5.8%，均处于较高增速，而同期深圳、武汉的建成区面积年均增速分别为3.7%、5.5%，建设用地面积的年均增速分别为3.6%、3.8%，且长沙土地供应量能够长期保证。特别是在当前非住宅商品房库存积压严重的形势下，长沙住房和城乡建设局将加强对非住宅商品房库存情况的监测分析，会同省自然资源厅，合理确定非住宅商品房及其用地供应的规模、区域、结构和时序。

就政府政策而言，从需求端来看，长沙市政府限制投机行为，针对房屋契税、人才购房、购房摇号等均要求严苛。从房屋契税征收看，长沙契税税率较高，增加了购买多套住房成本，限制了投机行为。从人才购房看，2017年长沙在全国较早提出非本市户籍的专科及以上学历人才，须满足在长沙工作生活 24 个月才能购买住房（需提供 24 个月工资流水和居住证），时间长于广州、南京、西安等城市，限制了短期运用人才政策进行投机的行为。从购房摇号看，2017 年长沙在全国较早推行公证摇号销售住房制度，只需满足"累计购房客户大于可供房源"的条件即可采取公证摇号方式销售住房，触发摇号机制条件更为严格，超过最高价后转入摇号。在这种情况下，土地出让价格低，薄利多销，开发商也可以控制风险，而市民也能用较低的价格购买房产。

谷贱伤农，谷贵伤民

其实"谷贱伤农"这句话还有后半句"谷贵伤民"。根据史料记载，这个观点是由战国时期的政治家、改革家李悝提出的，他属于法家，在魏文侯时期担任过魏国的相国，主持过历史上最早的变法，后来人们熟知的"商鞅变法""吴起变法"都是效仿他的。

《汉书·食货志》上记载了李悝的原话，是这样的，"籴甚贵伤民，甚贱伤农。民伤则离散，农伤则国贫，故甚贵与甚贱，其伤一也。"意思大致是：如果粮食价格太贵，会伤害民众，影响那些吃粮食的人；而如果粮食价格太贱，会伤害种粮的人。一旦民众受到伤害，他们就会流离失所、四处逃难；而一旦种粮的人受到伤害，他们缺乏种粮的积极性，影响农业发展，国家就会贫弱。所以粮价太贵或太贱，都会带来伤害。

对此，李悝提出了"取有余以补不足"的主张。实行"平籴法"，平抑粮价，丰年由政府平价收购农民的余粮，保护农民利益，不致"谷贱伤农"；饥年由政府平价卖出粮食，保护非农人口的利益，不致"谷贵伤民"。此做法有效地防止了囤积居奇，有利于稳定小农经济。

为什么说"谷贱伤农"？

1929 年美国经济大萧条时期，让人印象深刻的现象是：城里人饥肠辘辘地排队找工作，农场主却正在把一桶桶牛奶倒掉。为什么他们宁愿把牛奶倒掉也不愿意把它送给穷人呢？大萧条使城市的奶制品需求减少，价格就便宜了。《1933年国家工业复兴法》暂缓执行了美国的反托拉斯法律，允许企业之间尤其是制造业部门之间存在共谋。行业中企业间共谋的增多，往往会减少产出，提高价格，降低投资——所有这些都是大萧条时期的特征。

粮食的需求价格弹性很小，当粮价下跌时，对粮食的需求量增加得很少。因此在农产品大丰收时，农民只有大幅降价才能将手中的粮食卖出，因而粮食价格下跌的百分比甚至超过了粮食增产的百分比，就会出现增产不增收甚至减收的状况，农民也因此获得更少的收入。

对此国家规定必须执行最低收购价格，以保护农民利益，稳定农业生产。但其实我们也应该看到最低限价政策也有一定的不足。通过实施最低限价政策，最低限价通常高于市场均衡价格，因此导致供过于求，出现农产品过剩的局面。另外，最低限价所支持的售价会影响消费者的实际可支配收入。考虑到我国居民以粮为主的食物结构，粮食价格升高必然较大程度上降低了低收入人群的可支配收入，而且居民收入越低，恩格尔系数越高，这种影响越大。

因此对于农业人口占总人口50%左右、粮食生产区域分布不均、相关政策等软环境建设不足的我国而言，实行粮食最低限价时很难实现政府的真实意图。因此，在实行最低限价政策的时候，应当充分尊重市场，适时发挥最低限价政策的作用，规定一个适宜的保护价格水平，以期防止粮食市场价格发生超常波动，达到提高粮食安全水平和真正促进农民增收的双重目的。

新质生产力

新质生产力是指生产力的新水准、新质态，是生产力水准的质变，只有能够产生质变的科技才能被称为新质生产力。每个经济时代的新质生产力都有不同的时代特征，历史上几次科技和产业革命产生的新生产力，都推动了生产力质的飞跃，都可以称为新质生产力。如第一次产业革命产生的热力，第二次产业革命产生的电力，第三次产业革命产生的网力，现在正在推进的数字经济产生的算力。习近平总书记指出：新一轮科技革命和产业变革正在孕育兴起，一些重要科学问题和关键核心技术已经呈现出革命性突破的先兆，带动了关键技术交叉融合、群体跃进，变革突破的能量正在不断积累。由此，现阶段中国现代化产业体系的构建，关键就在于大力发展新质生产力。根据习近平总书记关于新质生产力的讲话，以及生产力发展的客观趋势，在宏观上可以把新质生产力概括为新科技、新能源和数字经济。

资料来源：洪银兴，2024.新质生产力及其培育和发展［J］.经济学动态（1）：3-11.

为什么要对部分农产品实行最低限价？

一般情况下，粮食收购价格受市场供求影响，国家在充分发挥市场机制作用的基础上实行宏观调控，必要时由国家决定对短缺的重点粮食品种在粮食主产区实行最低收购价格。当市场粮食价格低于国家确定的最低收购价格时，国家委托符合一定资质条件的粮食企业，按国家规定的最低收购价格收购农民的粮食。1957年，国家明确规定对边远地区、山区、老革命根据地、民族地区、贫困地区的粮食收购实行最低保护价。1958年，国家又规定对出口的农副土特产品实行最低保护价。随着经济体制改革的深入，国家将大部分农产品的价格放开，实行市场调节。但为了防止少数重要农产品如国家定购以外的粮食、猪、蛋、菜等收购价格过低，在一定时期仍规定最低保护价。

农产品缺乏弹性，当其价格降低时，即使产量增加，农业生产者的收入也可能会降低。这主要是因为价格降低所带来的销售收入减少量大于产量增加所带来的销售收入的增加量。国家对农产品最低限价后，农业生产者的收入就会得到保证。但是，长期实行最低限价也会带来一些负面的影响，如会导致供大于求，使产品过剩，进而需要国家大量收购过剩的农产品，加重国家的负担，并且这也会使生产者不积极寻找降低生产成本的有效方法，满足于最低限价带来的利润保证，造成效率低下。

在市场经济条件下，应该发挥对粮食市场的基础配置作用，但当出现"市场失灵"时，政府应当在尽量不损害市场机制作用下，出台包括最低收购价在内的干预政策。粮食价格提高是保障供给、平衡工农业利益的重要手段，这也是工业反哺农业的重要方式。从保障市场供应、促进农民增收、平衡城乡关系的角度看，在全社会物价总水平提升的同时，应当保持粮食价格水平的稳步提高。要坚持主要由市场供求来决定粮食价格，同时提高政府价格干预政策的前瞻性和稳定性，使粮食最低收购价格与相关农资价格保持同步，真正成为粮食最低支撑价，确保农民种粮收益稳步提升。

为什么我国要实施乡村振兴战略？

习近平总书记在党的十九大报告中提出了实施乡村振兴战略，即"要坚持农业农村优先发展，按照产业兴旺、生态宜居、乡风文明、治理有效、生活富裕的总要求，建立健全城乡融合发展体制机制和政策体系，加快推进农业农村现代化"。这也再次说明乡村振兴就是让广大农民有更多获得感的同时，实现共同富裕的目标。

实现共同富裕，不仅仅是社会主义的本质要求，也是经济更快更高质量发展的必然要求。自20世纪50年代中期以来，绝大多数拉美国家的人均收入已达3000美元以上，个别国家甚至超过5000美元。然而，20世纪八九十年代，这些国家却频繁发生经济危机和社会动乱，经济发展滞缓。这主要是因为战后拉美国家过于注重经济增长速度和效率优先，认为通过"涓滴效应"经济增长的效益就会自动流入社会下层，从而导致了贫富差距悬殊，中低收入群体消费能力不足，进而影响经济的持续稳定发展。

由此可见，过大的贫富差距，不仅仅是社会不公平的一种体现，还会减少有效需求，遏制社会消费，从而阻碍经济的增长。而共同富裕是消除两极分化和贫穷基础上的普遍富裕。由于中低收入群体的边际消费倾向是更高的，他们收入的提升所带来的消费能力的提升是更高的，因此由消费支出带来的乘数效应对国民经济的发展的贡献也是较大的。中央财经委员会第十次会议就扎实促进共同富裕的现实基础、重大意义、基本原则、要求条件等作出重要部署，强调"要扩大中等收入群体比重，增加低收入群体收入，合理调节高收入，取缔非法收入，形成中间大、两头小的橄榄型分配结构"。由此可见，"扩大中等收入群体"是扎实推进共同富裕的必要条件。

随着我国向高收入国家行列迈进，中等收入群体比重持续扩大，由此将形成巨大的市场需求潜力，必然扩大内需消费，形成内部循环，进而带动外循环，为经济增长赋能。乡村振兴战略即是如此，通过推动乡村经济的发展，解决全国经济发展不平衡不充分的问题，实现更公平的社会分配。

三次分配制度

随着中国特色社会主义实践的不断发展,我国已形成相对完善的三次分配制度,这是我国收入分配制度的核心内容。中国特色社会主义市场经济体制下的三次分配制度包括:初次分配、再分配和第三次分配。

初次分配遵循效率原则,在市场机制作用下形成社会收入分配基本格局。初次分配通过对资本、劳动、土地、数据和技术等生产要素进行按贡献分配,重点解决劳资关系,这是市场经济国家基本的分配关系。

再分配更加注重公平,通过政府实施的各种公共政策,着力解决社会发展中的不平等问题。初次分配的主体是市场,市场在资源配置中起决定性作用。这导致在初次分配环节中,资本禀赋等因素在市场机制作用下可能会扩大收入分配差距风险。

国民收入分配格局由市场初次分配和政府再分配共同决定,财政再分配机制对于初次分配不公的有效弥补,保障最终分配结果的合理性至关重要。一般而言,再分配是指在初次分配的基础上,政府通过税收、社保、转移支付等财政政策手段,实现国民收入在不同社会主体之间的调整和转移,致力于解决由初次分配造成的收入差距过大、覆盖面不全、保障体系不完善等弊端。

保障和改善民生,努力提升人民获得感、幸福感、安全感是新时期政府所要解决的重大命题。实践证明,作为深刻影响居民收入分配结构的财政再分配机制,是保持社会稳定、维护社会公正的重要途径。在新的历史时期,政府应进一步努力提高财政再分配机制调节的力度和精准性,为持续优化社会收入与财富分配格局贡献更多力量。

第三次分配主要是指社会互助对于市场机制和政府调控在收入分配领域的补充,这种以公益组织和慈善部门为分配主体的新型社会分配机制,是缓解社会收入分配不平等的重要辅助性手段。近些年来,政府不仅在再分配环节不断增强调控力度,还积极探索如何在第三次分配机制中更好发挥政府的支持和引导作用。

资料来源:杨灿明,2022.社会主义收入分配理论[J].经济研究,57(3):4-9.

为什么我国个人所得税采用超额累进税制？

2018年7月2日，经十三届全国人大常委会第三次会议审议后，《个人所得税法修正案（草案）》公布，新个税起征点将提高至5000元，自2018年10月1日起施行，税率范围从3%到45%，不同个人所得对应不同的税率——根据课税对象数额或相对比例的大小而分级，其税率逐级递增，征税对象数额超过某一等级时，仅就超过部分，按高一级税率计算征税。

改革开放以来，我国居民生活水平不断提高，我们允许一部分人通过合法途径先富起来，然后先富带动后富，最终实现共同富裕，然而居民贫富差距却逐步扩大。目前采用超额累进税制向个人征收所得税，仅超过部分按高一级税率计算，避免发生增加部分的税率超过增加的征税对象数额的不合理现象，鼓励纳税人增加创收，符合收入分配制度中"效率优先，兼顾公平"的原则。

首先，分析为什么采用累进税率。同比例税率会让低纳税能力的人有更重的纳税负担，因为随着收入增加，每个人的边际效用是在递减的，如果假设这个固定税率为10%，收入300元需纳税30元的人比收入3000元需纳税300元的人更痛苦。累进税率的出现将"税基低，适用低税率；税基高，适用高税率"的思想融入到税率规则中以寻求实现实质意义上的公平。

其次，分析为什么采用超额累进税率。超额控制在同一水平的收入水平下，只是对一个人比另一个人多挣的那部分征收一定的税，这样既没有多征相对高收入的税也没有少征相对低收入的税。不可能一个人挣了36000元，另一个人挣了40000元，缴纳个人所得税后，最后他们的个人可支配收入相等，那这必然会降低高收入群体的工作效率。因此，所有公民的收入应保持在一个相对平衡的税负率上。

为什么我国实施划片区就近入学？

"望子成龙"的家长们都想要自己的子女能够享有最优质的教育资源，而优质学校周围区域的房产是具有稀缺性的，随着二孩和三孩政策的实施，每年入学的学生人数不断增加，对优质学校的需求量不断提高，且优质学校或许会聚集更多的优秀的教师资源，极大可能导致优质学校数量减少，供不应求，这些学校周围区域房产价格自然水涨船高。但房产数量已定，人人"哄抢"，最终还是价高者得，对于中低收入者的子女便只能接受稍差的教育资源，区别就在于得到的人在原有价格的基础上又多支出一笔钱。

人是有限理性的，在追求更好的效用时忽视了自己所要付出的代价。学区房热炒的背后，是教育资源的分配不均。为了改变这种现状，国家实施划片区就近入学，同时实行流动式教师资源政策。此外，在招生时加大招生计划和录取原则以及调配机制的公开性，会让家长对"学区房"的需求趋于理性。"就近入学"缩短了学校与家的距离，流动式教师资源政策使许多优秀的教师资源更加分散，让更多的学校和学生能够享受到优质教学资源带来的好处，为学生提供较为公平的受教育机会，培养更多的优质人才。首先，合理分配优质教育资源，只有尽可能实现社会公平，才能真正缓解学生和家长在教育方面的"内卷"和焦虑。其次，优质学校和普通学校要搭配划片，即多校划片。优质学校要拿出来供大家公平选择，随机决定。因此，即使买了所谓的"学区房"，并不意味着一定能进入优质学校，但家长们为了能获得有可能进入优质学校的资格而选择在该片区买房，甚至一些经济基础高的人为了增加进入优质学校的概率而购买多套房。如此一来，带动了包括普通学校周围区域的整个片区的房产的售卖。

为什么传统意义上的"养儿防老"很难解决当下的养老问题？

20世纪70年代初，中国开始实行计划生育。1980年9月，党中央发表《关于控制我国人口增长问题致全体共产党员、共青团员的公开信》，提倡一对夫妇只生育一个孩子。第七次全国人口普查数据显示，我国60岁及以上人口已达2.64亿；预计"十四五"时期这一数字突破3亿，我国将从轻度老龄化阶段进入中度老龄化阶段，老年人口众多，社会抚养比提升，而儿女也有自己的事业和家庭，已是分身乏术，传统意义的"养儿防老"已经无法解决中国当下及未来的养老问题。国家为了应对人口老龄化问题，相继推行"二胎"和"三胎"政策，然而父母养育孩子的隐性成本相比于生育无限制的年代有一定程度的降低，且养育孩子的显性成本明显提高，所以未来也很难改变"一对夫妻双方父母和一个孩子"模式的现状。

事实上，"养儿防老"原本是为了晚年得到子女精神上的陪伴，而不是把子女当成经济工具。现在中国贫富差距依然停留在较高的位置，中国的财富分配比较符合帕累托法则，大多数人在初次收入分配中只能得到很小的一块蛋糕，他们为了生计要还车贷、房贷，又要养育子女，在此基础上还要在父母身边尽孝，所以这是不现实的。从帕累托最优的角度来讲，对于扎根于农村的老年人，他们的子女不会为了在父母身边尽孝就放弃城市的工作和生活。毕竟，城市在医疗、卫生、教育、公共服务等方面是优胜于农村的。

国家现在鼓励个人养老。此外，政府鼓励和扶持社会资本进入养老行业，例如开办养老院、发行商业性质的养老保险等，同时加强行业监管。因此国家实行"记录一生、保障一生、服务一生"个人账户制度，鼓励理性规划个人养老金，我们可以通过购买商业养老保险等方式让养老金保值增值，享受晚年生活。

为什么在现行的医疗保险制度下没有实现全民参保？

2020年2月25日，《中共中央 国务院关于深化医疗保障制度改革的意见》提出"要建成以基本医保为主体、医疗救助为托底、补充医疗保险等共同发展的多层次医疗保障制度体系"。其中，基本医保坚持公平普惠，职工医保、居民医保在政策范围内住院费用报销比例分别达到80%和70%左右。另外，大病保险的补充减轻了群众的高额费用负担；开通直接结算跨省住院费和门诊费服务，为群众异地就医提供了极大的便利。2021年6月8日，国家医保局公布《2020年全国医疗保障事业发展统计公报》，统计公报显示：2020年全国基本医疗保险参保人数136131万人，参保率稳定在95%以上。

近年来，我国人口老龄化较为严重，使得医保的缴费人群逐年减少，而人类患病概率随着年龄的增长逐渐上升，从而增加了对医疗保险基金的需求。为了平衡这种需求，医疗保险费用每年在不断上涨，其中2022年城乡居民医疗保险最低缴费标准从原先的280元上涨到了320元。对于一些收入低且人口较多的家庭，这种缴费是负担不起的。2021年我国年度城镇登记失业率为4%（中经数据），而未登记失业的大有人在，对于失业的人来说，缴纳医疗保险费用显然不在他们考虑范围之内。

此外，一部分人对未来风险预防意识不强，总抱有侥幸心理，仗着自己年轻，忽视自己患病的可能性。奥地利经济学家庞巴维克在"时差利息论"中提及：在现在物品和未来物品的价值之间存在差别,现在物品的价值高于未来物品。这部分人觉得如果缴纳医疗保险费用便意味着要承担日常生活和娱乐等支出减少的机会成本,其实也不难理解,这就像我们日常中说的"及时行乐"。同时,医保制度的设计中存在较为明显的水平不公平和代际不公平的问题,人口的老龄化使得患病的老年人逐渐增多,导致医疗资源的缺口较大,不同人群从中受益程度不同。

为什么不能通过印钞的方式来降低失业率?

据人民网 2020 年 5 月 13 日报道,自 2020 年 4 月以来,全球新型冠状病毒感染疫情未见好转,美国失业率从 3.5% 飙升到 14.8%,预计失业人数达 4700 万人。为了应对失业率的升高,我们可以看到发达经济体集体"印钞票",特别是美国。据中国经济网报道,美国印钞量共为 59000 亿美元,占货币量的 38%。两年内的印钞量几乎与过去 40 年等同。

然而这并不是第一次发生类似情况,早在 2008 年金融危机,美国就尝试用印钞的方法来解决自身的金融问题。事实证明,虽然自 2008 年以来美国的经济总量翻了 8 倍,且金融危机让美国 800 余万人失业,并没有发生巨大的通货膨胀。但是 2008 年美国的实际情况是,美国大量的印钞救市虽然短期内引发通货膨胀,使得美元贬值,从而让全球各国所持有的外汇储备跟着贬值,最后世界各国也只有跟着一起印钞票以避免自己的美元外汇储备变成废纸,最终让全世界为美国的危机买单。

其实,通过印钞是不能解决失业问题的,美国的特例是因为美元的霸权地位,绑架了全球的金融市场,但是其他国家往往就没这么幸运了。津巴布韦在建国之后,大量外国资本流出,失业率大幅提升,国家决定通过大量印钞试图来解决这个问题,然而津巴布韦没有让全球各国所持有的外汇储备跟着贬值,最终只有自己承受货币政策放松带来的坏处。事实上,适量的通货膨胀在一定范围之内是可以促进就业的,但从长期来看,工人将根据实际发生的情况不断调整自己的预期,工人预期的通货膨胀率与实际的通货膨胀率迟早会一致,这时工人会要求改变名义工资,以使实际工资不变,从而较高的通货膨胀率不会起到减少失业的作用。所以从长期来看,政府运用扩张性政策如通过印钞扩大货币供应量不但不能降低失业率,还会使通货膨胀率不断上升。而剧烈的通货膨胀首先造成的便是货币贬值,资金外流,然后就是失业率的增长，甚至可能造成突发性商品抢购、银行挤兑等现象，正常生产经营难以继续，不利于经济持续稳定地增长。总的而言，盲目印钞并不能长期有效地促进就业率和国家经济水平的增长，反而会加剧经济社会的不稳定，造成严重的社会影响。

为什么公共物品更容易损坏？

我们经常发现，公园的草地经常损害严重，时常都在重新种植，学校体育课的运动器材往往显得异常陈旧，哪怕才被更换了没多久。小区内的公共器材也经常被损害，似乎对于拥有权不明确的事物大家都不太珍惜。我们举一个相似的例子：为保护濒临灭绝的鲸类资源，1986年国际捕鲸委员会通过《全球禁止捕鲸公约》试图禁止商业捕鲸，但日本一直以"科研"的名义继续在日本近海，甚至远赴南极捕鲸，而与鲸鱼相关的论文却寥寥无几。可想而知，其捕鲸的目的显然不是为了科研工作，鲸类仍然面临着灭绝的风险。但为什么鸡鸭鱼等家禽不会灭绝，而诸如东北虎、丹顶鹤等野生动物却面临着十分严峻的灭绝风险呢？

在经济学中有一个名词专门用来形容这个行为，叫作"公地悲剧"，假设一片草地可以供给100头牛的正常生活，而不会遭到破坏，原本这里的五家人每家都有20头牛，刚好不至于破坏草地，可是有一天有一家人突发奇想，我多养一头牛就可以带来更多的收益，而对草地的破坏却是由所有人一起承担的，于是他多养了一头牛。别人发现这件事后纷纷效仿。最终导致了草场的退化，大家的收入都减少了。

这便是典型的"公地悲剧"，它主要是指产权不明，使得企业和个人使用资源的直接成本小于社会所需付出的成本，而使资源被过度使用。因为在公共利益和个人利益之间，人们往往会选择个人利益。就企业而言，由于产权高度抽象模糊，职工没有产权意识，没有行使产权的内在动机。其结果是，产权流于"国家所有，人人所有，又人人没有"，以及"谁都应负责任，谁都不负责任"的状况。所以，我们必须清楚——"公地悲剧"源于公产的私人利用方式，"看不见的脚"会导致私人的自利不自觉地把公共利益踢成碎片。因此必须通过明晰产权、明确权责的方式，把外部性影响内部化，使得私人收益与私人成本相对应，避免"公地悲剧"这类事件的再次发生。

欧债危机凸显高福利陷阱

2009年，欧债危机最先在希腊爆发，之后持续恶化，意大利、爱尔兰、西班牙、葡萄牙等国也纷纷出现财政问题，法国和德国也受到严重影响。欧债危机是2008年次贷危机的深化和延续，本质是政府的债务负担超过了自身的承受范围，引起了债务违约风险。

《2013中国民生发展报告》主编、北京师范大学政府管理研究院院长唐任伍说："不难看出，欧债危机是一系列长期性、制度性缺陷以及外界客观冲击等因素综合作用的结果，这些因素包括全球性金融危机冲击，欧盟国家财政政策和货币政策不统一，救助措施不及时、不到位等。"

唐任伍分析道，希腊等国在加入欧元区之后，大幅提高了本国福利和社会保障水平。高标准失业救济高福利使得希腊人不愿意出去工作，而宁愿在家里等待政府补助。20世纪80年代开始，欧洲大多数国家的人口结构进入快速老龄化阶段，到2010年，欧洲老年人口赡养率（65岁及以上占15～64岁劳动适龄人口比率）高达23.7%，是全球最为严重的地区。老龄化加剧了福利支出刚性，政府在高福利制度与老龄化问题的"纠缠"之下，财政赤字节节攀升，为主权债务危机埋下了隐性诱因。

在经济快速增长时期，这种"从摇篮到坟墓"的保障体系能够提高居民生活品质，但一旦经济增速放缓，财政不堪重负，当政府为了维持高福利而不断举债时，这种高福利模式就可能酿成主权债务危机。解决民生问题是世界各国施政的核心，它事关民心向背、国家稳定、社会发展。但是，保障和改善民生，一定要根据国家经济发展水平和国情实际，循序渐进地进行。

资料来源：李慧.民生发展：警惕"高福利陷阱"[N].光明日报，2013-06-22（10）.

为什么我国不能实行"从摇篮到坟墓"的养老制度？

以美国为代表的投保资助型养老保险制度，对未达到法定退休年龄65周岁的退休者，采取永久性减发养老金的形式，为了鼓励延迟退休，对超过法定退休年龄的退休人员增加养老金百分比，但到了70周岁及以上，不管是否继续从事工作，都可以全额领取养老金。

我国作为一个人口众多、发展很不平衡的大国，如果实行脱离发展水平的高福利政策，更容易阻滞经济社会持续健康发展。高福利是一种社会资源再分配，运用过度会挫伤生产积极性。高福利是通过税收进行的社会资源再分配。这种再分配在现代社会是必要的，但运用过度则会产生明显弊端：一是产生寻租机会，容易导致权力寻租；二是扭曲市场信号。市场分配机制和再分配机制不同，市场分配机制强调机会均等，而再分配机制更注重结果平均。平均分配会给人们不好的信号：努力与否是一样的。这就会挫伤生产积极性。也就是说，貌似注重公平的再分配，其实际效果可能恰恰相反。

曾任人力资源和社会保障部主管社会保障的副部长胡晓义在一次座谈会上提出了中国社会保障制度改革基本思路，要从基本国情出发体现中国特色。人口众多的基本国情，要求我们的社会保障制度把公平目标放在第一位，社保体系要有普惠的制度安排，以缩小社会收入分配差距，促进实现社会公平、和谐与稳定。同时，也要求我们把缴费型的社会保险作为社保体系的核心制度，而不能建立"从摇篮到坟墓"的高福利制度。正确的选择是坚持公平与效率相结合。

邻避效应

邻避效应指居民或当地单位因担心建设项目（如垃圾场、核电厂、殡仪馆等邻避设施）对身体健康、环境质量和资产价值等带来诸多负面影响，从而激发人们的嫌恶情结，滋生"不要建在我家后院"的心理，即采取强烈和坚决的、有时高度情绪化的集体反对行为。

邻避效应在国际社会已是普遍现象，对其的认识和引导，是世界各国的共同挑战。社会存在邻避效应是人之常情的表现，是理性经济人与非理性社会人纠结的结果，应循理解决，不能简单、粗暴处理，也不能指望一夜之间解决。

为什么垃圾中转站选址很重要？

随着原有收运系统与其不配套的问题产生，如垃圾处理厂远离市区、城市垃圾收运车吨位又比较小不适合远途运输等，为解决这些问题，垃圾中转站就应运而生。垃圾处理场站的建设有利于缓解城市垃圾问题，但是，如果处理不当也会产生臭气、蚊蝇、渗滤液污染等负外部性问题。垃圾处理产业中存在的邻避现象的本质，正是源于这种特殊的外部性。

在仔细考察垃圾处理的外部性后，发现垃圾处理的外部性存在两个层次，并且在每个层次上具有完全相反的表现形式。从全社会范围看，垃圾处理美化了人们的居住环境，存在正的外部性，因而得到绝大多数居民的赞同。从垃圾处理所在地这一狭小的区域范围看，因为垃圾处理本身存在二次污染的巨大风险，因而，垃圾处理过程中存在明显的负外部性，常常被居民所抵制。

那么，城市垃圾中转站应该建在什么地方更合理呢？现在垃圾的转运费在废弃物处理成本中占有相当大的比例。因此，垃圾处理站的地点，实际上是把垃圾对人类造成的危害集中到了某一狭小区域的居民身上，造成了他们的成本与收益的巨大分离，从而产生邻避现象。所以垃圾处理站的选址很重要。而要解决垃圾站选址的问题，应该使居民的私人收益与私人成本相匹配。庇古认为，外部性的存在使资源配置难以实现帕累托最优，在这种情况下，对正外部性的产生者给予相应的补贴，可以有效地消除私人成本与社会成本、私人利益与社会利益之间的偏差，从而保证市场机制正常发挥优化资源配置的作用。此外，政府也可对居住在垃圾中转站附近居民给予一定补贴，来减小负外部性。

为什么互联网巨头疯狂抢占社区团购份额？

2020年下半年以来，一批互联网巨头跑步进入社区团购：7月，美团宣布成立"优选事业部"；8月，拼多多旗下社区团购项目"多多买菜"上线；10月，苏宁菜场社区团购平台在北京上线……曾经一度沉寂的社区团购为何再次受到市场青睐？社区团购发展现状如何？

社区团购能满足人们一日三餐最基本的饮食需求，市场潜力巨大，是一个可以实现规模化、达到极高用户渗透率的商业切口，同时，一旦建立起用户习惯和消费黏性，可以极大地提高用户活跃度，带动平台其他产品和服务消费，是互联网企业获取新增流量的重要渠道。社区团购通过微信社群获取客户的成本低，并深入下沉市场，带来了高转化率。另外，相较农贸市场或超市，社区团购无须雇用专门的销售人员，理论上具备更低的运营成本。

各大平台为了抢占市场是通过高额的补贴形成低价以吸引顾客，这会对线下市场造成一定压力。用户起初可以享受到短期的红利，但实际上消费者助长了线上平台的垄断，等到社区团购被几家巨头垄断，定价权也就掌握在它们的手中了。而且，平台借用规模的优势，会进一步压低源头（果农、菜农）的价格，以及压低配送方的价格，从而赚取更多的利润。

关 键 概 念

通货膨胀（inflation）：经济中物价总水平的上升。

成本推动型通货膨胀（cost-push inflation）：又称供给冲击的通货膨胀，由市场供给方因生产成本急剧上升引发的通货膨胀。在总供求分析的图解中，成本推动表现为总供给曲线的上移。

需求拉动型通货膨胀（demand-pull inflation）：由过度的商品需求引起的价格膨胀，如总需求大幅度增加时的情况。

自愿失业（voluntarily unemployment）：人们出于自我感觉到现行工资的价值小于将同样的时间另作他用（如闲暇）的价值而形成的失业。

摩擦性失业（frictional unemployment）：由个别市场变化所引起的暂时性失业。例如，无经验的工人需要花费时间比较和选择不同的工作机会，甚至有经验的工人往往也需花费少量时间进行工作转换。摩擦性失业有别于周期性失业，后者是在工资和价格呈黏性的条件下，由于总需求水平的低下而造成的。

结构性失业（structural unemployment）：因工作空缺的地区分布或工作类型与工人的类型不一致而产生的失业。可能有工作机会存在，但失业工人却可能不具备这些工作机会所要求的技能；或者有工作机会的地区与失业者所生活的地区不一致。

充分就业（full employment）：一个有多重含义的术语。历史上曾被用于描述不存在（或仅存在少量）非自愿失业情况下的就业水平。今天，经济学家用非加速通货膨胀的失业率的概念来描述可以长期持续的最高的就业水平。

外部性（externality）：一个经济主体的行为对其他经济主体的影响，如果这种影响是不利的，就称为负外部性；如果这种影响是有利的，就称为正外部性。

需求价格弹性（price elasticity of demand）：一种物品需求量对其价格变动反应程度的衡量指标，用需求量变动的百分比除以价格变动的百分比来计算。

需求收入弹性（income elasticity of demand）：任何给定物品的需求不仅受该物品价格的影响，而且受购买者收入的影响，用需求量变动的百分比除以收入变动的百分比来计算。收入弹性用于衡量物品需求量对于收入的敏感程度。

需求交叉弹性（cross elasticity of demand）：衡量一种商品价格变动对另一种商品需求产生的影响的概念。更精确地说，在其他变量保持不变时，需求的交叉弹性等于商品 B 价格变动 1% 时商品 A 需求量所变动的百分比。

恩格尔系数（Engel's coefficient）：食品支出总额占个人消费支出总额的比重。恩格尔系数是衡量一个家庭或一个国家富裕程度的主要标准之一。一般来说，在其他条件相同的情况下，恩格尔系数较高，作为家庭来说则表明收入较低，作为国家来说则表明该国较穷；反之，恩格尔系数较低，作为家庭来说则表明收入较高，作为国家来说则表明该国较富裕。

边际消费倾向（marginal propensity to consume）：消费增减量与可支配收入增减量之比，表示每增加或减少一个单位的可支配收入时消费的变动情况。

乘数效应（multiplier effect）：当扩张性财政政策增加了收入，从而增加了消费支出时引起的总需求的额外移动。

隐性成本（implicit cost）：不要求企业支出货币的投入成本。

显性成本（explicit cost）：要求企业支出货币的投入成本。

名义工资（nominal wage）：以一定的货币量表示的工资。

实际工资（real wage）：用货币工资能够实际购买到的消费品和劳务数量。

公共物品（public goods）：既无排他性又无竞争性的物品。

市场失灵（market failure）：市场本身不能有效地配置资源的情况。

垄断（monopoly）：没有相近替代品产品的唯一售卖企业。

总需求（aggregate demand）：某一时期一个经济体所计划或所需要开支的总数。它取决于总的价格水平，并受到国内投资净出口、政府开支消费水平和货币供应等因素的影响。

总需求曲线（aggregate demand curve）：在其他条件不变的情况下，体现一个经济中人们所愿意购买的商品和服务的总量与该经济的价格总水平之间的关系的曲线。

总供给（aggregate supply）：某一时期一个经济中各企业所愿意生产的商品与提供服务的价值的总和。总供给是可供利用的资源、技术和价格水平的函数。

总供给曲线（aggregate supply curve）：在其他条件不变的情况下，体现各企业所愿意提供的总产出与价格总水平之间的关系的曲线。总供给曲线在很长时期内，在潜在产出水平上，倾向于相对地陡峭和垂直；而从短期看，则显得比较平缓。

自动稳定器（automatic stabilizers）：政府税收和支出体系所具有的一种性质，可以缓冲私人部门收入变动的作用。

预算（budget）：计划支出与预期收入的账户，通常以一年为期，对政府而言，其收入应为税收。

预算平衡（budget balanced）：总支出和总收入（不包括借款收入）正好持平的预算。

预算赤字（budget deficit）：政府总支出超出总收入（不包括借款收入）的部分。这一差额通常靠借款弥补。

预算线（budget line）：在既定价格水平下，消费者用给定的收入可能购买的各种商品组合点的轨迹。

预算盈余（budget surplus）：政府收入超过支出的部分，与预算赤字相对应。

需求变化与需求量的变化（change in demand and change in quantity demand）：需求变化指由商品价格以外的其他因素（如收入上升和偏好改变等）所导致的商品需

求变化。在图形上表现为整个需求曲线的移动。相反,由于价格变动引起的需求量变动称为需求量的变化。在图形上表现为需求量沿着无变动的需求曲线移动。

供给变化与供给量的变化(change in supply and change in quantity supplied):二者的变化同上述"需求变化与需求量的变化"。

市场出清(market clearing):商品价格具有充分的灵活性,能使需求和供给迅速达到均衡的市场。在出清的市场上没有定量配给、资源闲置,也没有超额供给或超额需求。在实际中,该理论适用于许多商品市场和金融市场,但不适用于劳动市场或许多产品市场。

竞争均衡(competitive equilibrium):以完全竞争为特征的市场或经济中供给和需求的平衡。由于完全竞争中单独的买者和卖者都没有力量(支配性地)影响市场,价格将趋向等于边际成本和边际效用的水平。

互补品(complements):在消费者眼里是"搭配"的两种商品(如左脚的鞋和右脚的鞋)。相互竞争的商品则属于替代品(如五指分开的手套和连指手套)。

消费者价格指数(consumer price index):反映一定时期内城乡居民所购买的生活消费品和服务项目价格变动趋势和程度的相对数,是对城市居民消费价格指数和农村居民消费价格指数进行综合汇总计算的结果。通过该指数可以观察和分析消费品的零售价格和服务项目价格变动对城乡居民实际生活费支出的影响程度。

消费者剩余(consumer surplus):消费者为取得一种商品所愿意支付的价格与他取得该商品而支付的实际价格之间的差额。产生差额的原因在于,除最后1单位外,该商品用货币表示的边际效用都大于其价格。在一定条件下,消费者剩余的货币价值可以用需求曲线以下、价格线以上的面积来衡量。

消费(consumption):宏观经济学中,指某时期一人或一国用于消费品的总支出。严格地说,"消费"应仅指这一时期中那些完全用掉了的(分享过的或"吃掉了的")消费品。但在实际上,消费支出包括所有已购买的商品,而其中有许多商品的使用时间要远远超出考察时期,如家具、衣物和汽车等。

效用(utility):从商品和劳务的消费中获得的所有满足。边际效用指多消费1单位商品而得到的新增加的效用。

可支配收入(disposable income):通俗地说,指可以拿回家里的收入,也就是国民收入中可以由家庭用于消费或储蓄的部分。

(价格变动的)替代效应(substitution effect):当一种商品的相对价格下降时,

消费者增加对该种商品的消费（以该种商品作为"替代"）；而当一种商品的相对价格上升时，消费者减少对该种商品的消费（该种商品被"替代"）。价格变动的这种替代效应导致向下倾斜的需求曲线。

（价格变动的）收入效应（income effect）：商品价格变动会引起消费者实际收入变动，进而会导致该商品的需求量的变动。价格变动的收入效应是价格变动的替代效应的一种补充。

经济增长（economic growth）：一国一定时期内总产出的增长，通常用一国实际国内生产总值（或潜在国内生产总值）的年增长率进行衡量。

货币政策（monetary policy）：中央银行实施控制货币、利率、信贷条件的目标和手段。货币政策的主要工具包括公开市场业务、准备金比率和贴现率。

思考题

1. 当财产审核和监控力度加大了，政策发展到了成熟的阶段，而且杜绝了富人入住廉租房的情况后，要不要重新建带洗手间的廉租房呢？

2. 如今的互联网平台，出现了许多形式的垄断现象，2021年2月7日，国务院反垄断委员会制定发布《国务院反垄断委员会关于平台经济领域的反垄断指南》，旨在预防和制止平台经济领域垄断行为，促进平台经济规范有序创新健康发展，但是相较于传统领域，平台经济领域反垄断面临的困难更大更多。请思考，数字经济时代，如何有效遏制平台垄断行为？

参考文献

陈彦斌，邱哲圣，2011.高房价如何影响居民储蓄率和财产不平等［J］.经济研究（10）：25-38.

陈宗胜，2020.试论从普遍贫穷迈向共同富裕的中国道路与经验：改革开放以来分配激励体制改革与收入差别轨迹及分配格局变动［J］.南开经济研究（6）：3-22.

冯晨瑛珺，孟泽坤，曹仁凤，2022.互联网电商平台垄断行为分析：以社区团购为例［J］.现代商业（2）：18-20.

葛延风，王列军，冯文猛，等，2020.我国健康老龄化的挑战与策略选择［J］.管理世界，36（4）：86-96.

何光辉，杨咸月，2020.美国开启"印钞机模式"：历史比较、物价测算及对中国的警示［J］.经济学家（11）：116-128.

李玲，2006.21世纪中国人口与经济发展［M］.北京：社会科学文献出版社.

刘彦随，2018.中国新时代城乡融合与乡村振兴［J］.地理学报，73（4）：637-650.

沈满洪，谢慧明，2009.公共物品问题及其解决思路：公共物品理论文献综述［J］.浙江大学学报（人文社会科学版），39（6）：133-144.

陶鹏，童星，2010.邻避型群体性事件及其治理［J］.南京社会科学（8）：63-68.

徐田华，2018.农产品价格形成机制改革的难点与对策［J］.农业经济问题（7）：70-77.

杨灿明，2022.社会主义收入分配理论［J］.经济研究，57（3）：4-9.

杨继生，2009.通胀预期、流动性过剩与中国通货膨胀的动态性质［J］.经济研究，44（1）：106-117.

杨娟，赖德胜，邱牧远，2015.如何通过教育缓解收入不平等？［J］.经济研究，50（9）：86-99.

叶兴庆，2021.迈向2035年的中国乡村：愿景、挑战与策略［J］.管理世界，37（4）：98-112.

原鹏飞，冯蕾，2014.经济增长、收入分配与贫富分化：基于DCGE模型的房地产价格上涨效应研究［J］.经济研究，49（9）：77-90.

张淑锵，程宏宇，2001.就近入学与择校现象：教育机会均等问题浅析［J］.教育理论与实践（1）：23-26.

张苏，王婕，2015.养老保险、孝养伦理与家庭福利代际帕累托改进［J］.经济研究，50（10）：147-162.

周为民，卢中原，1986.效率优先、兼顾公平：通向繁荣的权衡［J］.经济研究（2）：30-36.

左大培，1996.围绕着通货膨胀的"替换"作用的经济学论争［J］.经济研究，31（2）：3-14.

王婷，2021.廉租房政策执行的困境及对策［J］.国际公关（7）：28-30.

叶莎莎，2014."就近入学"如何划片，考验你的智慧［N］.中国教育报，03-25（6）：区域周刊.

常亚轻，黄健元，2019.农村"养儿防老"模式何以陷入窘境？［J］.理论月刊（3）：138-144.

李慧，2013.民生发展：警惕"高福利陷阱"［N］.光明日报，06-22（10）：民生广角.

GEUSS R，2009. Public goods, private goods［M］. Princeton: Princeton University Press.

CHETTY R, SZEIDL A, 2007. Consumption commitments and risk preferences［J］. The Quarterly Journal of Economics, 122（2）：831-877.

国际交往中的经济学

- 为什么中国部分出口产品在国外比国内更便宜？
- 为什么中美货币政策会脱钩？
- 为什么说香港联系汇率制面临发展困境？
- 为什么经济的增长没有带来幸福感的提升？
- 为什么委内瑞拉会由"抱着金饭碗"变成"全面饥饿"？
- 为什么政府要设置最低和最高限价？
- 为什么要提出"关键核心技术必须牢牢把握在自己手中"？
- 为什么国际贸易中会产生不平等交换？
- 为什么天价鞋"同鞋不同命"？
- 为什么OPEC不增产石油对世界市场石油价格冲击如此之大？
- 为什么世界第二大经济体的中国仍属于发展中国家？
- 为什么美国要制裁俄罗斯？

经济全球化背景下，国际间的交往日益频繁，各国通过经济互通和国际合作，促进彼此经济文化的发展。国家间的交往离不开商品和服务，而不同国家在地理位置、气候条件、自然资源、劳动者素质与技能等方面的禀赋差异，形成了各国在产品生产方面的比较优势。由于比较优势的存在，各国会出口其具有比较优势的产品，同时从他国购买本国需要的产品，充分发挥各自的优势，实现资源的优化配置，这个过程是国际自由贸易。在这一过程中，我们必须坚定不移地反对任何打着"产能过剩"的旗号对别国先进产业进行打压，以"公平竞争"为借口搞保护主义，践踏市场经济原则和国际经贸规则的行为。

比较优势理论奠定了近代国际分工和国际贸易理论的基础，但因其基于完全竞争市场的假说，与现实情况不符。而波特基于经济实际，以不完全竞争市场为前提，提出了国家竞争优势理论，该理论认为，国家的竞争优势并非仅仅来源于自然资源或劳动力成本等静态因素，而更多地取决于创新、技术、制度和文化等动态因素。

国际贸易中商品和服务的交换必然伴随资金和货币的流转，由自由贸易带来的国际收支，必然影响国内货币的供求和流通状况，政府可以采取货币政策来控制货币供给量，以确保经济的稳定增长与平衡发展。

国际性的商业周期对各国都有一定程度的影响，稍有不慎便会引发一系列连锁反应。美国的货币政策会导致南美的萧条、贫困和革命；中东的政治动荡会使石油价格飞涨，从而引发世界经济的衰退；革命、战争等因素会对证券市场造成影响和冲击，动摇全球的商业信心。毫无疑问，忽视国际贸易即意味输掉了这场全球性的经济竞赛。国际贸易这一庞大的经济活动在各国间搭建起一座座交流与合作的桥梁，但国际经济中的竞争与对抗也日益激烈，俄乌冲突、美国对俄罗斯进行制裁、欧美发达国家正在滑向保护主义等，贸易紧张局势及其带来的不确定性为全球经济蒙上了阴影。

国际交往的经济学涉及的内容更加复杂，不仅是简单的商品服务交易问题，还涉及政治因素、经济因素和文化因素的冲突，受到不同的社会意识形态的影响，不可预测性和不可控性远比国内经济学更大。本模块旨在培养读者的经济思维，找到经济运行的规律和本质，辩证对待国内外经济政治形势，树立国际视野和培养远见意识。

企业的自由进入与退出

"企业的自由进入与退出"是判断市场类型的依据之一。企业的存（进入）亡（退出）是影响市场经济发展的重要因素。企业进入某一行业是因为它刚刚成立或是打算进入新的领域。而当企业停止生产时它便退出了这一行业。它有可能是因为某条生产线无利可图而自动退出，也可能是因为无力支付债务而破产。我们说的自由进入与退出是指：在企业进入和退出时，不会受到诸如政府管制、知识产权（如专利或软件等）因素的阻碍。

为什么中国部分出口产品在国外比国内更便宜？

在中国，最便宜的梅赛德斯奔驰 A 级轿车售价为 20 万～30 万元，而在梅赛德斯轿车的原产地德国，其售价却要便宜得多。一般而言，本国商品在国内的售价要低于国外，因为出口商品售价很大一部分来源于商品出口时所增加的各种成本，所以商品在他国售价自然要高于国内。

然而，当中国的部分商品出口到国外时，其价格要比国内价格便宜得多。例如，2022 年 4 月，中国出口新西兰的飞天茅台售价流出公布，引发一片哗然。在国内，茅台售价一直以来都在 2500 元左右，而在新西兰，其定价却在 394 新西兰币左右，折合人民币 1790 元，国内外价格差异十分惊人。

价格差异的症结点在于寡头垄断市场的形成。虽说中国是全球最大的"制造工厂"，但品牌所属权属于国外，品牌和定价权都由跨国公司掌控。由于发达国家的市场买卖的品牌很多，竞争激烈，类似于垄断竞争市场。

因此，在国外的垄断竞争市场上，国内品牌只能和其他同质量品牌在相同价格区间竞争，故往往采用低价策略占领市场。因为任何试图比现有市场价格要价更高的产品销售者都将发现，没有人会购买他们的产品。

而在中国本土市场，国内的品牌没能打响名气，竞争环境不够残酷，少数几个国际品牌无出其右，逐渐形成了寡头垄断市场。其市场的特征可总结为：企业数量极少、相互依存、产品同质或异质、进出不易。于是在中国本土市场，厂商拥有较高的定价权。从厂商追求利益的角度讲，为在竞争市场位上占据优势地位，厂商必然要把价格放低。而在垄断市场，出于同样的角度，显然价格必然偏高。一家厂商在同一时间对同一产品或服务索取两种或两种以上的价格被称作价格歧视，而在卖主为垄断者或寡头的市场中，价格歧视则是很常见的。

美联储"剪羊毛"

美国周期性利用美元降息加息收割全世界。量化宽松政策相当于撒草喂羊，加息相当于"剪羊毛"。

美国经济处于扩张阶段，美联储不断加息，收紧流动性，而某一个国家则处于经济衰退阶段，需要流动性支持，美联储加息造成该国资本外流，对于该国经济是雪上加霜。这就有可能造成经济基础不稳定的国家出现问题，同时，在该国经济出问题之前，资本已经外流入美国，属于高位平仓，已经赚得盆满钵满。

美元的历次加息周期都会在其他国家造成或大或小的金融危机，比如1997年的亚洲金融危机，2018年的土耳其、阿根廷经济衰退，都是经济周期与美国不一致的结果。

为什么中美货币政策会脱钩？

2022年1月美联储加息预期更加明朗，毫无疑问，美国凭借其对全球金融市场的强大掌控力，牵动着全球经济的神经。随着美国逐步收紧货币政策，英国、瑞士等27个国家不得不跟随这一步伐，实施加息政策以维持本国的经济稳定。然而，我国却选择了降息作为应对之策。

那么为什么我国会选择与美国货币政策脱钩，逆势放宽货币政策呢？

货币政策是中央银行通过控制货币供应量以及通过货币供应量来调节利率，进而影响投资和整个经济以达到一定经济目标的行为。在全球经济一体化的背景下，美联储的货币政策调整可能会在一定程度上影响我国的宏观调控策略。

疫情暴发前，美国低通胀持续了近十年，但自2021年4月开始，美国通胀创四十年新高，居高不下的通胀率对美国居民的生活产生了严重的影响。此外，由于国际因素的干扰，特别是疫情以及俄乌之间的紧张局势，美国的经济增长面临着前所未有的外部挑战。遏制通胀成为目前美联储货币政策的首要目标，而且在疫情的持续影响下，经济活动的不稳定使得高通胀的问题变得更加严峻。因此，美联储不得不采取行动，来抑制市场对未来通胀的预期。

反观我国，消费价格指数、核心消费价格指数同比涨幅远低于全球主要经济体，因此，我国的货币政策不会受到太大的限制，我们无须跟随美国的步伐采取紧缩措施。此外，我国经济发展面临需求收缩、供给冲击、预期转弱三重压力，也不宜过快收紧货币政策。

根据蒙代尔"不可能三角"理论，在金融政策方面，当一国在开放的经济环境中做出政策选择的时候，往往无法兼顾资本的自由流动、货币政策的独立性以及汇率的稳定，最多只能同时实现两个，而另一个只能舍弃。

从我国实际情况来看，我国坚持以市场供求为基础、参考一篮子货币进行调节、有管理的浮动汇率制度。这一制度框架明确了我国的央行能够维持本国货币政策独立性，同时也能够实现跨境资本的自由流动，而几乎不会对人民币汇率实施常态化的干预措施。

美联储货币政策对中国经济的冲击

近年来，美联储货币政策在典型和非典型政策之间频繁切换，这种"异质性"对中国经济产生了动态影响，导致常参数模型所刻画的溢出效应缺乏实际的经济意义。为此，本文构建了带有随机波动率的时变参数因子扩展向量自回归模型，从宏观经济、私人经济和金融市场三个角度来研究美联储货币政策冲击对中国经济造成的动态影响的表现形式及背后的机理。研究发现，动态影响体现在：一方面，不同时期美联储的紧缩性货币政策和量化宽松货币政策都对中国经济产生了负向影响，意味着不同时期的同向货币政策会对中国经济产生反向影响；另一方面，美联储货币政策对中国宏观经济、金融市场、私人经济的影响在时间维度上分别呈现递减、递增、平滑现象。动态影响的根源在于不同时期传导机理的差异。在固定汇率下，美联储通过影响中美利差作用于中国的资本与金融账户，进而影响中国经济；在浮动汇率下，美联储通过干扰人民币与美元汇率来影响中国的经常账户，进而影响中国经济。因此，建议中国人民银行缩小人民币汇率浮动空间，结合数量型量化宽松货币政策，来应对美联储的紧缩性货币政策；建议宽松财政政策与紧缩货币政策并行以及缩减美元在货币篮子中的权重，来应对美联储的量化宽松货币政策。

资料来源：金春雨，张龙，2017. 美联储货币政策对中国经济的冲击［J］. 中国工业经济（1）：25-42.

蓝海与红海

蓝海指的是未知的市场空间。企业要启动和保持获利性增长，就必须超越产业竞争，开拓全新市场，这其中包括突破性增长业务（旧市场新产品或新模式），战略性新业务开发（创造新市场、新细分行业甚至全新行业）。红海指的是已知的市场空间。一般进入市场面临的选择是在蓝海中开辟新的道路或在红海中杀出一条血路，这用来比喻在市场空间中企业生存的选择。

国际货币基金组织

国际货币基金组织（International Monetary Fund，IMF）是根据1944年7月在布雷顿森林会议签订的《国际货币基金组织协定》，于1945年12月27日在美国华盛顿成立的。它与世界银行同时成立，并列为世界两大金融机构，其职责是监察货币汇率和各国贸易情况、提供技术和资金协助、确保全球金融制度运作正常。我们常听到的"特别提款权"就是该组织于1969年创设的。

为什么说香港联系汇率制面临发展困境？

联系汇率制是我国香港地区于1983年开始实行的货币政策。发钞银行以1美元兑换7.8港元的比价，向外汇基金缴纳美元，换取等值的港元"负债证明书"，随后增发港元现钞，同时承诺港元现钞从流通中回流后，发钞银行同样可以用该比价兑回美元。从那时起港元与美元就已经通过汇率的稳定挂起了钩。实行联系汇率制之后，香港地区顺利平稳地度过了亚洲货币贬值危机。

但自从 2018 年以来，我国香港地区经济基本面急剧恶化，中美经贸摩擦加剧、香港国安法实施后，美国加大对我国香港地区的制裁，香港地区经济前景大幅下滑，金融市场风险增加，港元持续走低并多次触及联系汇率制兑换底线，引发了市场对联系汇率制度崩溃的担忧。

我国香港地区为了保持其国际金融中心的地位，必须保持资本的流通；为了满足汇率稳定的条件，稳定民众对港币的信心，防止投机和国际重大事件对港币的冲击，又不能自由选择紧缩或者宽松的货币政策，只能以现有汇率来联系美元，稳定汇率。

因此在联系汇率制下，金管局在应对美国利率水平和本地区民众收入水平的变动时难有作为。这就会导致其无法根据本地区经济发展情况自主制定合理的货币政策，反而受到美国经济环境制约，从而使美国的货币政策传导到我国香港地区，其结果是使得我国香港地区和美国的经济周期在许多时期上保持同步。

但事实上，由于我国香港地区与美国的经济周期可能并不一致，由美国传至我国香港地区的利率水平不一定适应本地的宏观经济形势，这可能会导致港元利率短暂偏离美元利率，并产生利率差，而利率差波动有时可能会影响货币稳定，甚至被投机者操控用以谋利，当这种情况反复出现时，整个香港地区的金融环境将会恶化。

这就是我国香港地区联系汇率制面临发展困境的原因，若想从根本上解决，香港特区政府必须做出反应，脱离美元控制。在美元地位逐渐被其他货币取代的当下，也许从联系美元过渡到联系其他货币是解决其发展问题的一个可行的方法。

人民币汇率市场化改革四十年进程、经验与展望

1993 年党的十四届三中全会通过《中共中央关于建立社会主义市场经济体制若干问题的决定》，作为全面经济体制改革的一部分，1994 年外汇管理体制进行了重大改革，再次实现汇率并轨，实行以市场供求为基础、单一的、有管理的浮动汇率制度。此次汇率改革被认为是最难的也是最成功的改革。

改革基本实现了市场化计划，人民币汇率完成了从记账核算工具到宏观经济调节工具的转变，正在实现从宏观经济金融管理自变量到因变量的转变；改革在成功解决汇率高估问题的基础上实现人民币稳中有升，避免了汇率贬值惯性难题；改革的成功在于坚持市场化取向、采取渐进式、积极管理稳定汇率等。让汇率主要由市场决定，协调好政府与市场作用，实行真正的有管理浮动，是适合我国近中期的汇率制度选择，也是未来深化汇率市场化改革的方向。

资料来源：丁志杰，严灏，丁玥，2018.人民币汇率市场化改革四十年：进程、经验与展望[J].管理世界，34（10）：24-32.

幸福指数

幸福指数是衡量人们对自身生存和发展状况的感受和体验，即人们的幸福感的一种指数，也是反映国民生活质量和幸福程度的指标。1970年不丹王国首先提出国民幸福总值的概念。它是针对国内生产总值指标不能反映国民的生活质量，不能测度国民的幸福程度，不能反映经济的可持续发展而提出的。国民幸福总值这一指标体系包括政府善治、经济增长、文化发展和环境保护四大方面。

为什么经济的增长没有带来幸福感的提升？

根据国家统计局发布的中国国内生产总值数据和联合国发布的国民幸福指数数据，1995年我国国内生产总值只有7345亿美元，但当时国民幸福指数达到了7.08（10分制，下同），而26年后的2021年国内生产总值高达114万亿美元，国民幸福指数却降至5.339。也就是说，经济的增长并没有给国民带来幸福感的提升，反而让居民感到不那么幸福了。

在经济学里，如果认为经济增长与国民幸福感成正比的话，那纯属是偷换概念，因为经济增长指的就是很简单的总体经济水平的问题，是一个可以量化的概念。经济增长，并不意味着我们的生活就一定能变得很好，但我们姑且可以认为经济发展与国民幸福感有显著正相关关系。

经济发展不同于经济增长，它是经济、文化、环境、医疗、交通等全面发展综合提高的一种体现，是全面衡量社会经济面貌的"质"的问题。在其中，经济增长只是经济发展的一个重要环节。

随着我国经济总量的不断增加，人民的"钱袋子"确实越来越鼓，但是竞争压力在不断增加,工作时间在不断延长,"内卷"十分严重,许多与社会发展有关的心理疾病也随之出现。这就是虽说经济增长了,但国民幸福感却很难因此而提升。

为什么委内瑞拉会由"抱着金饭碗"变成"全面饥饿"?

委内瑞拉曾是拉丁美洲最大的石油产出国,号称"抱着金饭碗"的国度,但出人意料的是,自2016年委内瑞拉却开启了"全面饥饿"模式,街上许多店铺惨遭洗劫,甚至有些人需要猎杀动物才能填饱肚子。更令人唏嘘的是,委内瑞拉国内大量优质土地荒废无人耕种,这究竟是怎么回事呢?

在外贸方面,委内瑞拉的进口营收有95%依靠石油,这种畸形的产业模式极易导致国内资本的天然流动出现障碍。而一旦出现这种情况,政府只能在货币自主权和汇率稳定之间进行选择。显然,委内瑞拉放弃的是汇率的稳定。

2015年,世界石油价格暴跌,委内瑞拉国内发生了空前通货膨胀,从前的一切经济繁荣梦全部化为泡影,政府通过石油换取外汇并由此进口食品的"世外桃源"梦终于破碎,进而便有了2016年"全面饥饿"的情况发生。

事实上,委内瑞拉风景秀美,南邻亚马逊,北接大西洋,土壤肥沃,完全可以发展更多的产业以支撑其经济。但委内瑞拉国内人民,完全依靠政府通过贩卖石油得到的利润过活,免费吃穿住行,免费医疗养老,无须劳动,也无须创造价值,导致了委内瑞拉国内没有其他产业发展,当"田园时代"结束,委内瑞拉人民才如梦初醒。

我们不得不承认,尽管能养活全国人民的石油经济总量绝对不低,即在"量"上,委内瑞拉不输任何拉美国家,但在"质"上,委内瑞拉仍任重道远。片面地追求经济的增长会让经济多方面高质量的繁荣受到阻碍。只有认识到经济增长和经济发展之间的关系,政府才能真正地做出高瞻远瞩的战略决策,避免片面化地追求国内生产总值或其他任何象征着经济增长的指标的发展,而是从经济全面发展的本质出发,改善经济结构,真正让人民过上"田园生活"。

自然资源是经济增长的限制吗

许多评论家认为，自然资源是世界经济增长的限制。乍一看，这种观点似乎很难被忽视。如果世界只有固定的不可再生自然资源的供给，人口生产和生活水平能保持长期的持续增长吗？石油和矿藏的供给最终不会耗尽吗？当这些资源的短缺开始发生时，不仅会使经济停止增长，也许还会迫使生活水平下降。

尽管这些观点言之成理，但大多数经济学家并不像想象的那样关注这种增长的限制。他们认为，技术进步会提供避免这些限制的方法。如果拿今天的经济与过去相比较，就会发现各种使用自然资源的方法得到了改进，如现代汽车耗油更少；新住房有更好的隔热设备，所需要的用于调节室温的能源也少了；资源回收使一些不可再生资源被重复利用；可替代燃料的开发，如用乙醇代替石油，使我们能用可再生资源来代替不可再生资源。

50年前，一些环保人士担心锡和铜的过度使用。在那时，锡和铜是关键资源：锡用于制造许多食物容器，而铜用于制造电线。一些人建议规定收回利用和配给锡和铜，以便子孙后代也能得到锡和铜的供给。但是，今天塑料已经取代锡成为制造许多食物容器的材料，而电话通信通常是利用砂子生产的光导纤维。技术进步使一些曾经至关重要的自然资源变得不太必要。

然而，所有这些努力足以保证经济持续增长吗？回答这个问题的其中一种方法是考察自然资源的价格。在一个市场经济中，稀缺性反映在市场价格上。如果世界陷入了自然资源短缺，这些资源的价格就会一直上升。但实际情况与此相反，大多数自然资源的价格（根据整体通货膨胀调整）是稳定或下降的。看来我们保存这些资源的能力的增长比它们供给减少的速度要快。因此，市场价格使我们没有理由相信自然资源是经济增长的限制。

资料来源：曼昆，2019.经济学原理：宏观经济学分册［M］.8版.梁小民，梁砾，译.北京：北京大学出版社.

为什么政府要设置最低和最高限价？

《中华人民共和国价格法》第三条规定：国家实行并逐步完善宏观经济调控下主要由市场形成价格的机制，大多数商品和服务价格实行市场调节价，极少数商品和服务价格实行政府指导价或者政府定价。政府可以依照本法约定，按照定价权限和范围规定基准价及其浮动幅度，即设置最低和最高限价。

最高限价政策，是指政府为了防止某些生活必需品的价格上涨而规定的这些产品的最高价格。新型冠状病毒感染突发时，全国人民陷入粮食恐慌，不少隔离在家的人担心会无饭菜可吃，蔬菜水果的价格上涨。此时，国家最高限价的政策以及国家库存中存储的蔬菜水果，为焦虑的人民提供了必要生活保障。

最低限价政策，是指政府所规定的某种产品的价格下限。政府实行最低限价的目的主要是扶持某些脆弱行业的发展，提高生产者收入，保护生产的稳定发展。例如，政府对农业的扶持，当农民由于信息不对称，盲目生产和"跟风"生产，陷入丰收不丰产的陷阱时，农业最低限价政策就可以很好地应对市场供过于求，防止产品价格大幅下跌造成的农民收入过低现象的发生。

在国际贸易中，最低限价政策一般是一国政府为了减缓来自外国的某些进口贸易品压缩本国商品生存空间而对进口价格采取的手段。例如，智利对进口的绸坯布设定了限价，如果价格低于限价，就会对进口商征收额外的进口税收；欧盟对农产品采取"闸门价"政策：当进口农产品的价格低于预先设定的"闸门价"时，需要对进口农产品征收附加税及相应调节税。

最低工资与企业创新

价格下限的一个重要例子是最低工资。我国早在1993年就颁布了《企业最低工资标准》，1994年《中华人民共和国劳动法》确立了最低工资的法律地位。但在实施初期，最低工资只在部分地区推行，1995年全国仅有130个城市实行最低工资政策，许多地方长达十年未作调整或根本没有设定最低工资，直到2004年《最低工资规定》颁布，这种情况才得到改善。

最低工资上调提高了企业创新数量和质量。两者的正相关关系基本稳健。最低工资调高使得企业采用先进的物质资本替代低技能劳动力，导致低技能劳动力数量下降。根据资本技能互补理论，物质资本与高技能劳动力更加匹配，从而提高了企业的人力资本水平。进一步分析发现，最低工资调高也改善了企业要素结构和创新效率，进而提高了企业的全要素生产率。最低工资调高对劳动密集型企业、平均工资较低企业、行业竞争激烈企业以及高市场化地区企业的创新影响更加显著。

首先，最低工资可能导致低技能劳动力就业率下降，这说明最低工资在促进产业结构调整的同时，也会导致低技能劳动力失业。因此，我们在实施最低工资政策的同时，应积极增加新就业，促进失业人员再就业。可以对一部分相对能力较强的低技能劳动力进行教育培训，提升技能储备，把他们转化为高技能劳动力。对一部分无法实现技能升级的低技能劳动力，可以引导他们在其他部门中实现再就业，促进劳动力有效配置。其次，最低工资增加了企业对人才的需求，这与党的十九届五中全会强调人才建设的战略意义不谋而合。因此，各地区在调整最低工资的同时，也应该大力发展本地区的基础教育，加快一流大学和一流学科建设，为企业发展提供高技能人才。最后，最低工资促进了企业创新升级，这同党的十九届五中全会强调的提升企业技术创新能力的精神一致。

资料来源：李建强，高翔，赵西亮，2020.最低工资与企业创新［J］.金融研究（12）：132-150.

为什么要提出"关键核心技术必须牢牢把握在自己手中"？

自2019年5月，美国为了维护其霸权主义和强权政治，为了巩固其在高新技术产业大幅领先的地位，开始对中国的各个高新技术产业进行一轮又一轮的制裁，如芯片制裁、半导体行业制裁、生物技术制裁、工业生产制裁等。其中众人皆知的是美国对中国华为进行的制裁，2019年5月15日，美国商务部工业和安全局将华为列入出口管制"实体清单"，要求本国供应商必须获得特别许可才能向其出售产品和服务，强制禁止华为代表人物出境，禁止华为芯片销入美国等等，其真实目的不仅出于企图改变中美贸易逆差过大的局面，还在于将华为作为贸易谈判的筹码，借机将中国从高新技术产业的高生态位"驱逐"出去,从而削弱中国在高新技术产业上对美国的威胁。

各类技术制裁政策实施后,我国也再一次意识到了研究高新科学技术的重要性。

在此基础上,习近平总书记提出"一定要把关键核心技术,牢牢把握在自己手中"。科技实力决定着世界政治经济力量对比的变化,也决定着各国各民族的前途命运。更重要的是,内生科学技术甚至能促进经济增长。内生增长理论指出,内生的技术进步是保证经济持续增长的决定因素。内生增长理论认为促进经济增长的方式主要在于三个方面:第一,获取包括革新、技术进步、人力资本积累等新型知识;第二,刺激如知识产权、大数据、市场条件等新知识运用于生产;第三,提供能够运用新知识的资源,如人力、资本、进口品等。

因此,国家只有掌握了关键核心技术,才能从根本上提升底气、保障安全,才能内源性地有效促进经济增长,防止陷入多级垄断的陷阱之中。否则,当面对其他国家进行的技术封锁与制裁时,我们只能受制于人,毫无办法。

进口配额:另一种限制贸易的方法

除了关税外,有时各国限制国际贸易的另一种方法是对进口某种物品的数量实行限制。无论是关税还是进口配额,它们都减少了进口品的数量,提高了该物品的国内价格,减少了国内消费者的福利,增加了国内生产者的福利,并引起无谓损失。

这两种贸易限制之间的唯一差别是:关税增加了政府的收入,而进口配额为那些得到进口许可证的人创造了剩余。进口许可证持有者的利润是国内价格(出售进口物品的价格)和世界价格(购买这些物品的价格)之间的差额。

如果政府对进口许可证收费,关税和进口配额就更相似了。假定政府确定的进口许可证费等于国内价格与世界价格之间的差额,在这种情况下,进口许可证持有者的所有利润都要以进口许可证费的形式交给政府,进口配额的作用与关税完全相同。在这两种政策下的消费者剩余、生产者剩余以及政府收入完全相等。

但是,实际上,用进口配额限制贸易的国家很少采用出售进口许可证的做法。例如，美国政府有时施加压力让日本"自愿"限制日本汽车在美国的销售。在这种情况下，日本政府把进口许可证分配给日本企业，从而这些进口许可证所带来的剩余就归这些企业所有。从美国经济福利的角度说，这种进口配额的方式比向进口汽车征收关税更糟。关税和进口配额都提高了价格，限制了贸易，并引起无谓损失，但关税至少能给美国政府带来收入，而不是给外国生产者带来利润。

为什么国际贸易中会产生不平等交换？

经济全球化至今，国际贸易如火如荼地发展到了前所未有的高度。然而，尽管国际贸易推行平等政策，发展中国家仍旧免不了被不平等交换问题困扰，国际贸易中的不平等交换不仅依然存在，且有愈演愈烈的趋势，严重制约发展中国家的经济发展。

西班牙巴塞罗那自治大学于2020年3月22日刊登的《世界经济中的帝国主义强占：1990—2015年通过不平等交换对南方国家的消耗》报告中指出，不平等交换从殖民时期开始，至今仍在持续。新型"不平等交换"从殖民占有向市场机制作用转换，利用全球政治经济中的权力不平等，形成国际贸易中的价格差，以维持不平等交换的持续性进行。如由发达国家主导的"开采主义"，即以利益最大化为目标，不顾及生态环境和资源可持续性，这些国家在能源"净占用"中获利，南方国家却在承担气候损失，如气候变化引起相关的死亡，98%～99%发生在南方国家。

经济学相关研究对于国际贸易中不等价交换的形成也提出了许多猜测，一般认为，核心国家占据国际分工中的垄断环节，通过提高本国产品相对价格来获取垄断利润是不等价交换的直接原因。当代的经济全球化是资本主义主导下的全球化，在经济规则和制度制定上具有极其明显的不平等性。具有国际经济制度话语权的发达国家垄断了世界市场，并人为提高本国商品价格，使之大大高于其国际价值，同时，极力压低发展中国家初级产品的价格，靠垄断力量剥削发展中国家，控制国际经济活动。国际生产与国际分工的不平等带来以资本积累为载体的有利于生产技术和经营条件的垄断，及由此产生的资金优势和科研创新优势也加剧了这种不平等现象。我国会逐步改变以"外向型经济"为主的传统发展模式与道路，并逐步探索形成"自我集中积累与自主发展式"的中国特色社会主义现代化发展道路，从根源上破除国际不平等交换，摆脱对国际垄断资本与技术的依附。

品　牌

　　市场上有两种类型的企业，一些企业出售有广泛知名度的产品，而另一些企业出售无品牌的替代品。例如，在一个普通药店里，人们可以在拜耳公司的阿司匹林旁边的货架上找到无品牌的替代品。最常见的是，有品牌的企业广告费更多，而且产品价格也更高。近年来，经济学家对品牌的辩护是认为品牌是消费者保证他们购买的物品高质量的一种有用方法。品牌给消费者提供了在购买前不易判断质量的产品的质量信息，并向企业提供了保持高质量的激励，因为企业保持自己品牌的声誉具有经济目的。

　　长期以来，品牌研究主要由西方主导学术话语权。当下主流的品牌研究是基于美国学者品牌理论的实证研究，例如美国服务学派注重基于测量的服务营销模型和策略，美国学者凯文·莱恩·凯勒"基于顾客的品牌资产论"开辟了品牌研究的主要路径。以美国品牌学者为代表的品牌资产论是全球品牌研究的主导范式，欧洲品牌学者坚持品牌文化论的研究视角，并作为品牌学术研究的一股支流而存在，在全球品牌思想格局中占有一席之地。例如埃略特的品牌的社会——文化视角、卡普费勒的奢侈品牌研究，都体现出浓厚的社会、文化研究色彩以及批判性的特征。立足于文化来建立新的品牌理论指的是，运用社会心理学来研究品牌本体、品牌营销传播的文化学术视角。"品牌体验"在20世纪末开始有了较快的发展，"品牌符号"（象征）则成为品牌的欧洲学派开拓新方向的重要思想武器，并且是21世纪品牌研究中理论创新的起点之一。

　　资料来源：程明，朱文澜，2023.中国品牌研究的推进与拓展：2022年品牌研究综述［J］.传播创新研究（2）：153-167.

为什么天价鞋"同鞋不同命"？

　　2021年，新疆棉事件发生后，李宁的一双原价1500元的限量款球鞋，被炒到了48000元，暴涨32倍，可这只是表面现象，因为当时并没有什么人愿意为这个价格买单。而在 2022 年，Nike 的鞋不管在二级市场炒得多贵，都有人心甘情愿为其买单，而且不会有人批判 Nike 鞋卖得太贵。为什么国产品牌的鞋炒出天价无人要且还会被网友喷，但外国品牌 Nike 的鞋被炒到天价却总有人愿意为其买单？

其实炒鞋利用的都是供不应求下的垄断。当鞋发售后，鞋贩子如果发现该鞋值得被炒，有利可图，他们就会用低价买入大量的同款鞋，然后加价卖出，当有人看到这双鞋涨价了，就会跟风买，类似于买股票、买期货。然后这双鞋的价格就被炒到了天价。可为什么李宁的鞋被炒利用的也是垄断，却卖不出去呢？那是因为并没有达到供不应求的程度，此时李宁鞋在这个价格是没有需求的，没有人愿意为这个被炒到虚高的价格买单。至于人们愿意为 Nike 鞋买单，是因为 Nike 通过多年的饥饿营销已经做成了 IP，它的鞋不仅仅具备鞋本身的价值，还有社交价值，其中很多款鞋代表的是某种嘻哈文化或者明星文化，其中一些鞋还被做成了奢侈品，所以总有人愿意为其社交价值买单。它并不像李宁鞋虽被炒得虚高，但其自身却不具备特殊的文化和收藏价值。

《人民日报》就对新疆棉事件后的炒鞋行为进行了批评，表明这是利用国人的爱国情怀在"割韭菜"。中国的国产鞋如果想要做出自己的 IP，不该用炒鞋的方式来树立品牌，而应当用更好的设计做潮牌，借助潮流文化，让鞋本身具备自己的文化价值。

竞争与对抗

依据不同的市场结构特征，在经济分析中将市场划分为不完全竞争市场和完全竞争市场。不同类型市场中经济单元追求利润最大化，以及确定不同类型市场中均衡价格与均衡产量，是市场竞争理论的中心问题。在经济学中，市场划分有三个依据：厂商的数量、产品的品质、准入难度。不完全竞争市场信息透明度低、产品异质化程度高等，市场中存在着一定程度的垄断，且个别经济人对商品的市场价格具有一定程度的影响力。按照垄断的强弱程度，不完全竞争市场分为垄断市场、寡头市场及垄断竞争市场。垄断市场是指整个行业内部仅有一个厂商的市场组织。寡头市场又被称为寡头垄断市场，整个行业内只有少数几个卖家面对所有的消费者。垄断竞争市场则是竞争程度更高的不完全竞争市场，整个行业内部有许多厂商生产和销售有差别的同种产品。不完全竞争并不等于没有竞争。实际上，在经济生活中一些竞争最为激烈的市场，往往只有几个竞争厂商。

对抗包含了许多提高利润和占有市场的行为。它包括利用广告使需求曲线向外移动（即刺激需求）、降低价格吸引业务，以及通过研究提高产品质量或者研制新的产品。完全竞争并不意味着对抗，而只是表示行业中没有一个企业能影响市场价格。

为什么 OPEC 不增产石油对世界市场石油价格冲击如此之大？

2022 年 4 月布伦特原油期货合约价格收于 96.48 美元 / 桶，逼近 100 美元 / 桶大关，创 2014 年 9 月以来最高水平；2022 年 3 月 WTI 原油期货合约价格收于 95.46 美元 / 桶，创 2014 年 9 月以来最高水平。其中在石油价格上升中扮演重要角色的就是石油输出国组织（Organization of the Petroleum Exporting Countries，OPEC）。为什么 OPEC 不增产石油会对世界市场的石油价格冲击如此之大呢？

因为国际石油市场属于不完全竞争市场，石油是一种有限的自然资源。所以世界石油市场形成了以 OPEC、俄罗斯为主的寡头垄断市场。而且 OPEC 虽然被其他几个寡头所牵制，但它有其独特的优势，因为 OPEC 所在区域的石油大多埋藏在浅层，所以它的生产成本低，只要 10 美元 / 桶，远远低于其他寡头。而且现在俄罗斯石油被西方禁运，这巩固了 OPEC 在石油市场的垄断地位。如果 OPEC 不用增产来弥补石油的供不应求，全球石油价格就会飞涨。因为现在只有 OPEC 具有大幅度增产石油的能力，石油市场垄断和土地垄断很相似，只要所在地没有石油，再强大的资本也无法进入石油市场。但 OPEC 也不能完全控制石油市场，由于新能源等替代品的冲击以及 OPEC 的内讧，OPEC 成员之间存在着竞争和利益，所以成员之间也会有违约、欺诈行为。这也降低了 OPEC 在这个寡头垄断市场的垄断特性。

垄断会降低市场活力，降低市场分配效率。石油市场就是因为垄断，所以市场总是不稳定且容易受到冲击，产生较大的波动。当前国家出台反垄断法，对阿里、腾讯等垄断企业处以罚款，就是为了让一些新生资本能够进入这些垄断行业，给这些垄断行业市场带来新的活力。不完全竞争市场既没有公平，又降低了效率，所以要拒绝垄断。

铸金时代的垄断者

约翰·洛克菲勒的故事可以说是19世纪垄断者的一个缩影。洛克菲勒看到石油产业可以挖掘很多的财富,就着手组织石油提炼产业,他是个小心翼翼的经营者,总是试图从那些容易产生矛盾而又极不可靠的企业家那里获得"订单"。洛克菲勒自然也会遭遇一些竞争对手,但他通过说服铁路部门(如秘密给予回扣)为他提供有关对手的供给信息,从而逐步获得了对该产业的控制权。只要竞争者稍不遵守他的规矩,洛克菲勒就会拒绝为他们提供石油,甚至宁愿将石油倒掉。到了1878年,洛克菲勒已经控制了美国95%的石油供给与炼油市场。石油价格从上升变为稳定,相互拼杀的竞争终于被垄断所替代。

洛克菲勒还设计了一个相当精明的新方案,来保证自己在联盟中的控制权。这就是"托拉斯",即股东将股份转交给托管人,由他们负责经营,实现利润最大化。其他行业也仿效标准石油托拉斯,很快,托拉斯就在煤、糖、威士忌、铅、盐及钢铁行业中建立起来。

这种行为引起了极大公愤,不久后美国通过了反托拉斯法。1910年,反"大财团"运动取得第一次伟大胜利后,才解散了标准石油集团。具有讽刺意味的是,洛克菲勒竟然能够在解散标准石油集团中获利。这是因为标准石油集团的股价已经涨了上去。

但是,垄断也创造了极大的财富。1861年美国只有3名百万富翁,而到了1900年就增加到4000名(20世纪初的100万美元,相当于今天的1亿美元)。巨大的财富也引发了触目惊心的炫耀性消费(这个词在索斯坦·凡勃伦1899年的《有闲阶级论》一书中被引入经济学)。与早期的欧洲主教和贵族一样,美国的企业大亨们也要为他们的财富树立永恒的纪念碑,如修建罗德岛新港范德比尔特庄园,设立以斯坦福、卡内基、梅隆、洛克菲勒等命名的大学。

资料来源:萨缪尔森,诺德豪斯,2013.经济学:第19版[M].萧琛,译.北京:商务印书馆.

经济增长的倡导者

罗伯特·默顿·索洛 1924 年生于美国纽约的布鲁克林。他起初于 1940 年进入哈佛大学学习生物学和植物学，不久却发现这些学科并不合他心意。此时第二次世界大战爆发了。索洛 1942 年加入美国军队，并于 1945 年 8 月退役。1945 年索洛重返哈佛大学，开始涉足经济学专业。从 1949 年起，索洛一直在麻省理工学院任教。

索洛重要的研究成果之一是 1956 年出版的《经济增长理论的拓展》。其理论模型对经济分析有着重要的影响，除了作为一个分析增长过程的工具，该模型还在其他几个不同的领域中得到了推广。索洛增长模型构建了现代宏观经济理论赖以形成的基本框架。直到现在该模型仍然是经济增长理论中不可或缺的内容。在索洛模型中，对经济总体的增长贡献被设定为由劳动、资本和技术进步三者组成，并且假设总生产函数为边际生产递减的一次齐次的函数、满足稻田条件、储蓄率一定、技术进步为外生等条件。在此基础上得出了政府政策对于经济增长的作用是无效的结论。

索洛的研究激起了各国政府对于发展教育、加强研究和开发等活动的更多兴趣。任何一个国家、任何一个长期的经济报告都无一例外地沿用了索洛式的分析技术。索洛模型提出的增本主义模式的资本积累过程从长期来讲将收敛于经济增长稳定状态的这一结论无疑是给关心经济增长问题的经济学界注入了一剂强心针。

为什么世界第二大经济体的中国仍属于发展中国家？

根据 2021 年公布的世界各国数据，中国是世界第二大经济体，经济总量高达 114.4 万亿元，约合 17.7 万亿美元，人均 GDP 达到 80976 元，按年平均汇率折算达 12551 美元，超过世界人均 GDP 水平。但为什么作为世界第二大经济体的中国，仍然算不上发达国家，而是属于发展中国家呢？

在各项指标排名中，但凡考虑到人均指标，中国的世界排名均比较靠后。2017年，中国的人均 GDP 为 8827 美元，位列全球第 70 名左右，不及世界平均水平的 10722 美元，远低于世界排名第一卢森堡的近 10.4 万美元，也低于美国的 59532 美元和韩国的 29743 美元。从 GDP 来看，把中国归为发达国家的人，其实是因为没有弄清楚经济发展和经济增长这两个概念。经济增长是产量的增加，其程度用增长率描述，是一个"量"的概念，而经济发展是一个"质"的概念。从广义上说，经济发展包括经济增长、国民生活质量与社会各方面的总体进步。经济增长狭义上是指经济 GDP 的量增加，而 GDP 的增加只是发展的一部分，地区 GDP 增加不代表这个地区的经济发展，经济发展要考虑到 GDP 和一些其他因素，如性价比和投入产出比等。

概念区分清楚后我们就知道中国以前在 GDP 高的时候也并不算富裕。改革开放后，中国采用的是"高投入，高消耗"的模式，经济增长很快，但国家的产业没有升级，经济结构没有得到优化，环境治理成本也很高，并不能算经济发展。但现在中国对经济结构进行了改革，去杠杆、去产能，倾向于产业转型、发展模式创新之后，GDP 增长，环境治理成本也大大降低，中国就此跨入了中等收入国家行列。

相信坚持经济发展的中国在不久后就能全面建成社会主义现代化强国，早日步入发达国家行列。

林毅夫：2022 年新开局中国经济的未来与挑战

今年是我国完成第一个百年奋斗目标，实现全面建成小康社会，迈向第二个百年奋斗目标新征程的第一年，也是党的二十大即将召开的一年。在这样的大背景之下，我想利用这个机会，来谈谈中国未来经济发展的挑战、机遇以及应对之策。在今年和未来相当长的一段时间内，中国经济的外部环境会充满挑战。

从今年来说，新型冠状病毒感染疫情进入第三年，世界可能会出现分化。发达国家，比如美国和欧洲的一些国家，其疫苗接种率已经很高，同时也有不少人感染了新型冠状病毒，所以存在一定程度的群体免疫，很可能到今年下半年，新型冠状病毒感染疫情在发达国家可能就变成大号流感，发达国家的生活与生产会恢复，从疫情当中复苏。但是发展中国家的疫苗普及率却非常低,在发展中国家可能还会出现一波未平一波又起的疫情的传播,给发展中国家的生产、生活带来巨大的挑战。不少发展中国家也可能会因疫情冲击而继续出现经济衰退。

一旦发达国家的生产、生活恢复正常,对中国的依赖可能会减少;而发展中国家则可能还在疫情的冲击当中,生产、生活、收入、就业受冲击,进口会减少。总的来讲,2022年外需可能会相当疲软,2021年中国出口增长很高,这种增长可能在今年会出现下滑,将对中国经济有影响。

当前,我们正处于百年未有之大变局中。从特朗普政府开始的在贸易方面制造各种障碍、在技术上卡中国脖子的政策,在美国两党中基本上已经形成共识了,并可能会持续一段时间,而且还可能组成根据意识形态组织起来的民主同盟、反华同盟,像澳大利亚或立陶宛这样以意识形态来干预经济的情形,可能会此起彼伏,对中国的外部经济环境带来挑战。这种情形在未来相当长的一段时间可能会持续,我们必须有打持久战的心理准备。

资料来源:林毅夫."北大国发院承泽课堂暨中信读书会"演讲[EB/OL].(2022-01-19)http://www.china.com.cn/opinion/think/2022-02/11/content_78042465.htm.[2023-08-17].

俄乌冲突

俄乌冲突爆发以来,美欧等国家和国际组织持续制裁俄罗斯,相继采取了将俄罗斯主要金融机构强制退出由环球同业银行金融电讯协会管理的国际资金清算系统(SWIFT)以及限制俄罗斯原油海上运输、保险业务和出口价格等措施,全面打压了俄罗斯的经济、金融和能源行业。

俄罗斯地域广阔,领土面积达1700万平方千米,居世界第一,且油气资源丰富,是全球最重要的石油供应国之一。截至2020年年底,俄罗斯石油探明储量达148亿吨(1078亿桶)。2021年,俄罗斯生产石油(含凝析原油)5.23亿吨(1046万桶/日),占全球的13.4%,居世界第二;出口石油(含成品油等石油产品)4.12亿吨(823万桶/日),占全球的12.3%,居世界第一。原油出口也是俄罗斯国际贸易的重要组成部分,2021年,原油出口收入占俄罗斯财政收入的30%。受俄乌冲突影响,以欧盟为代表的大部分欧洲国家主动减少进口俄罗斯原油，因而不得不舍近求远，从中东、美国等其他距离较远的地区增加进口，原油进口结构也相应发生较大变化。受 2022 年国际油价暴涨、运输费用增加和现货贴水上升等多重因素影响，欧盟国家进口原油价格高昂，并带动物价整体上涨，引发严重通货膨胀和能源危机。

资料来源：张俊华，2023.俄乌冲突背景下俄罗斯和美国原油生产出口分析与展望［J］.能源化工财经与管理，2（2）：9-15.

为什么美国要制裁俄罗斯？

自 2022 年俄乌战争以来，以美国为首的西方国家开始对俄罗斯发动一轮又一轮制裁，这导致俄罗斯在短短两周内遭受到 2778 项制裁，而且遭受制裁总数 5532 次，达到了全球第一。实际上美国的这场制裁略显滑稽，作为俄乌战争的局外人，美国究竟为何要横插一脚？

从经济方面分析，美国是为了加强自己在军工和石油这两个不完全竞争市场的垄断地位。俄罗斯是一个军事大国，美国制裁俄罗斯以防止俄罗斯军工企业和美国军工企业竞争，从而加强美国军工企业在武器贩卖方面的垄断地位，使武器贩卖行业的不完全竞争市场愈加向完全垄断市场发展。另外，由于石油市场主要掌握在少数几个寡头手里，如俄罗斯、OPEC、美国，而 OPEC 又深受美国控制，制裁俄罗斯，石油市场就牢牢地被掌握在美国手里，巩固其在石油市场的垄断地位。欧盟国家此前高度依赖俄罗斯能源，约 30% 的原油和约 40% 的天然气都来自俄罗斯。俄乌冲突爆发后，美国施压欧盟国家对俄罗斯实施制裁，试图切断俄罗斯与欧盟国家的能源联系，并将能源需求转向美国，美国与欧盟开启能源合作计划，将扩大美国对欧盟国家液化天然气出口。其中，欧盟国家在那段时间里成为美国液化天然气最大出口目的地，约占美国出口总量的 65%。然而，美国向欧盟国家输送液化天然气，运输、储存等成本高，相关设施建设复杂，也无法完全满足欧盟国家的需求，因此欧盟国家只能承受暴涨的天然气价格。在石油方面的垄断让美国赚得盆满钵满。

美专家认为，制裁已成为华盛顿的一种无休止的经济战争工具
——美国滥用制裁严重侵犯了他国民众人权

阿富汗东部近期发生强烈地震，造成 1000 多人遇难，近 2000 人受伤，数万座房屋被毁。受美国制裁的影响，当前震区灾后重建工作面临重重困难，在美国制裁阴影下，不断高涨的物价令灾区民众重建家园的愿望变得遥遥无期。

"重建一座房子的价格已经涨到了至少 400 万阿富汗尼（1 美元约合 90 阿富汗尼），我们根本负担不起"。帕克提卡省的一名灾民近日抱怨道。受美国制裁影响，阿富汗国内的砖石、水泥、木材以及炊具等重建家园必备的原材料价格都在上涨。

2021 年 8 月底，美国留下巨大战争创伤并撤离阿富汗后，美国政府迅速冻结了阿富汗中央银行存在美国的近 95 亿美元外汇资产，迟迟不肯解冻并拟将其中一半为己所用。这直接导致阿富汗外汇紧缺、物价上涨，经济形势恶化，民众贫困加剧。联合国秘书长古特雷斯警告，数以百万计的阿富汗人正处在"死亡边缘"。

"美国制裁成瘾""'制裁合众国'滥用经济胁迫"，美国《外交》杂志的一篇文章用如此的词句评价美国肆意制裁的本质。2022 年以来，美国频频挥舞制裁大棒，对他国进行经济、商业和金融方面的封锁，导致许多国家经济社会受到严重破坏、民生凋敝，加深了地区动荡形势。多国官员、专家学者批评说，美国动辄使用单边制裁是对普通民众基本人权的系统性侵犯。

据英国新闻网站"中东之眼"近日报道，美国对伊朗实施的单边制裁给伊朗的国计民生持续造成诸多破坏，导致伊朗国内通胀飙升、经济产值下降、民众生活艰难。

美国智库大西洋理事会高级研究员爱德华·菲什曼表示，美国政府比以往任何时候都更频繁地使用制裁工具。美国政客试图利用制裁来打击对手至关重要的社会要素：工业、基础设施、政府机构和人民的信心。但从现实效果来看，美国的制裁企图没有实现其所寻求的政策结果。

资料来源：李志伟，2022. 美国滥用制裁严重侵犯了他国民众人权［N］. 人民日报，07-25（17）.

关 键 概 念

生产要素（factors of production）：用于生产物品与服务的投入，指进行社会生产经营活动时所需要的各种社会资源，是维系国民经济运行及市场主体生产经营过程中所必须具备的基本因素。

要素禀赋（factor endowment）：一国拥有各种生产要素的数量。要素丰裕是指在一国的生产要素禀赋中某要素供给所占比例大于别国同种要素的供给比例而相对价格低于别国同种要素的相对价格。

绝对优势（absolute advantage）：在某一商品的生产上，一国所耗费的劳动成本绝对低于另一国在该产品生产上所耗费的，即生产方生产某种产品的效率比另一生产方高。

完全竞争市场（perfectly competitive market）：在同一目标市场上有很多企业参与经营，其商品销售额都只占市场份额的一小部分。在这种市场上，竞争者所经营的商品没有多大差异，买卖双方对市场信息都十分了解，进入和退出市场的障碍都比较小。

不完全竞争市场（imperfectly competitive market）：相对于完全竞争市场而言，除完全竞争市场以外的所有的或多或少带有一定垄断因素的市场，分为完全垄断市场、寡头垄断市场和垄断竞争市场。

完全垄断市场（perfect monopoly market）：由唯一的厂商垄断整个行业而没有其他厂商和其竞争的市场。

寡头垄断市场（oligopoly market）：一个行业被少数几家大企业所控制，这些企业的优势是其实力而非其产品差异。在寡头垄断市场中，其他企业只是处于从属地位，进出都有严格的限制。

垄断竞争市场（monopolistic competitive market）：参与某个目标市场竞争的企业比较多，但其所提供的产品是有差异的，于是一些企业由于在产品上的差异或相对优势而获得对某些市场的垄断权。

托拉斯（trust）：垄断组织的高级形式之一。由许多生产同类商品的企业或产品有密切关系的企业合并组成，旨在垄断销售市场、争夺原料产地和投资范围，加强竞争力量，以获取高额垄断利润。

卡特尔（cartel）：垄断组织形式之一，是为了垄断市场从中获取高额利润。生产或销售某一同类商品的厂商通过在商品价格、产量和市场份额分配等方面达成协定从而形成的垄断性组织和关系。

自然垄断（natural monopoly）：某些产品和服务由单个企业大规模生产经营比多个企业同时生产经营更有效率的现象。

不完全竞争者（imperfect competitor）：购买量或销售量足以影响所在市场的价格水平的厂商。

差异化产品（differentiated products）：相互竞争且具有强可替代性但又不完全相同的产品，其不同之处可能体现在产品的性能、外观、质量或其他方面。

进口（imports）：向非本国居民购买生产或消费所需的原材料、产品、服务。进口的目的是获得更低成本的生产投入，或者是谋求本国没有的产品与服务的垄断利润。

出口（exports）：企业将生产的成品从本国出口至其他国家或地区收取外汇的成品事项。

净出口（net exports）：国民产出账户的一项，等于商品和服务的出口减去商品和服务的进口。

开放经济（open economy）：一种经济体系，与其他国家进行商品和资本的国际贸易活动（即进口和出口）。而一个封闭经济则是没有进出口的经济体系。

自由贸易（free trade）：政府不采用关税、配额或其他形式来干预国际贸易的政策。

关税（tariff）：是指国家授权海关对出入关境的货物和物品征收的一种税。

配额（quota）：进口保护主义的一种形式。在这种形式中，对某种商品在一定时期的总进口做了限制。

贸易顺差（trade surplus）：一国在特定年度出口贸易总额大于进口贸易总额，又称"出超"。

贸易逆差（trade deficit）：一国在特定年度进口贸易总额大于出口贸易总额，又称"入超"。

贸易壁垒（trade barriers）：又称贸易障碍。对国外商品劳务交换所设置的人为限制，主要是指一国对外国商品劳务进口所实行的各种限制措施。

价格歧视（price discrimination）：实质上是一种价格差异，通常指商品或服务的提供者在向不同的接受者提供相同等级、相同质量的商品或服务时，在接受者之间实行不同的销售价格或收费标准。

价格上限（price ceiling）：出售一种物品、服务或资源的法定最高价格。

价格下限（price floor）：出售一种物品、服务或资源的法定最低价格。

美国联邦储备系统（the Federal Reserve System）：简称美联储，是美国的中央银行体系。

加息（increase interest）：一个国家或地区的中央银行提高利息的行为，从而使商业银行对中央银行的借贷成本提高，进而迫使市场的利息也进行增加。

通货膨胀（inflation）：在货币流通条件下，因货币实际需求小于货币供给，也即现实购买力大于产出供给，导致货币贬值，而引起的一段时间内物价持续而普遍的上涨现象。其实质是社会总供给小于社会总需求（供远小于求）。

通货紧缩（deflation）：市场上流通的货币量少于商品流通中所需要的货币量而引起的货币升值、物价普遍持续下跌的状况。

反通货膨胀（disinflation）：降低高通货膨胀率的过程。

滞胀（stagflation）：高失业或停滞与持续的通货膨胀并存的现象。

消费者物价指数（consumer price index）：又称居民消费价格指数，简称CPI。是一个反映居民家庭一般所购买的消费品和服务项目价格水平变动情况的宏观经济指标。在特定时段内度量一组代表性消费品及服务项目的价格水平随时间而变动的相对数，用来反映居民家庭购买消费品及服务的价格水平的变动情况。

汇率（exchange rate）：两种货币之间兑换的比率，亦可视为一个国家或地区的货币对另一个国家或地区货币的价值。

利率（interest rate）：借款、存入或借入金额（称为本金总额）中每个期间到期的利息金额与票面价值的比率。

干预（intervention）：政府为影响本币汇率而在外汇市场上买卖本国货币等活动。

汇率制度（exchange rate system）：国家间支付所依据的一组规则安排和制度。传统上，按照汇率变动的幅度，汇率制度被分为两大类型：固定汇率制和浮动汇率制。

货币政策（monetary policy）：中央银行通过控制货币供应量以及通过货币供应量来调节利率进而影响投资和整个经济以达到一定经济目标的行为。

财政政策（fiscal policy）：国家制定的指导财政分配活动和处理各种财政分配关系的基本准则。

资源诅咒（resource curse）：丰富的自然资源可能是经济发展的诅咒而不是祝福，大多数自然资源丰富的国家比那些资源稀缺的国家增长得更慢。经济学家将其原因归结为贸易条件的恶化，主要由对某种相对丰富的资源的过分依赖导致。

蒙代尔不可能三角理论（Mundell's impossible trinity theory）：又称三元悖论。一个国家在开放经济条件下进行政策选择时，不能同时实现资本自由流动、货币政策独立性和汇率稳定，这三个政策目标最多只能同时实现两个，而另一个只能舍弃。

经济增长和经济发展（economic growth and economic development）：经济增长是产量的增加，程度用增长率描述，是一个"量"的概念，而经济发展是一个"质"的概念。从广义上说，经济发展包括经济增长、国民生活质量、社会各方面的总体进步。

内生增长理论（endogenous growth theory）：认为经济能够不依赖外力推动实现持续增长，内生的技术进步是保证经济持续增长的决定因素。强调不完全竞争和收益递增。

思 考 题

1. 资源丰富的北欧国家为何没有陷入资源诅咒的怪圈？
2. 国际贸易对各个国家都有好处，美国为什么要挑起贸易战？

参 考 文 献

萨缪尔森，诺德豪斯，2013.经济学：第19版［M］.萧琛，译.北京：商务印书馆.

边卫红，汪雨鑫，2021.美元国际地位变化特点及影响因素分析［J］.清华金融评论（4）：99-104.

陈丽敏，张莉，丘文尉，2020.中美贸易摩擦对广东高新科技行业的影响：以美国制裁华为为例［J］.科技创新发展战略研究，4（6）：54-60.

金春雨，张龙，2017.美联储货币政策对中国经济的冲击［J］.中国工业经济（1）：25-42.

郎丽华，周明生，赵家章，2017.加速中国经济增长转型与防范金融风险：中国经济增长与周期高峰论坛（2017）综述［J］.经济研究，52（8）：202-208.

李建强，高翔，赵西亮，2020.最低工资与企业创新［J］.金融研究（12）：132-150.

李志伟，2022."美国滥用制裁严重侵犯了他国民众人权"［N］.人民日报，07-25（17）.

刘琪，2021.我国有底气坚持货币政策"以我为主"［N］.证券日报，12-18（A2）.

曼昆，2019.经济学原理：宏观经济学分册［M］.8版.梁小民，梁砾，译.北京：北京大学出版社.

马涛，2019.中国发展中国家地位及其变化趋势：基于美国和韩国的比较研究［J］.全球化（8）：54-68.

曲建忠，2002.论当今国际贸易中的不平等交换［J］.世界经济与政治论坛（5）：36-39.

王道平，范小云，陈雷，2017.可置信政策、汇率制度与货币危机：国际经验与人民币汇率市场化改革启示［J］.经济研究，52（12）：119-133.

王曦，邹文理，叶茂，2012.中国治理通货膨胀的货币政策操作方式选择［J］.中国工业经济（8）：5-17.

吴绍波，2020.创新生态视角下中国信息产业面临的挑战与突围：美国制裁华为事件的启示［J］.中国西部（1）：91-100.

萧达，青木，陶短房，等，2022.美英渲染"俄乌战争一触即发"［N］.环球时报，01-24（1）.

严成樑，2020.现代经济增长理论的发展脉络与未来展望：兼从中国经济增长看现代经济增长理论的缺陷［J］.经济研究，55（7）：191-208.

杨小岩，1996.探讨发展中国家经济增长和经济发展的力作：评《经济发展理论研究丛书》［J］.经济评论（3）：95-96.

易先忠，包群，高凌云，等，2017.出口与内需的结构背离：成因及影响［J］.经济研究，52（7）：79-93.

余琪，2017.分析香港联系汇率制度现状及其发展趋势［J］.中国商论（18）：26-28.

于洋，任重，柳直，2022.美大肆制造俄乌"战争气氛"［N］.环球时报，02-07（2）.

张礼卿，钟茜，2020.全球金融周期、美国货币政策与"三元悖论"［J］.金融研究（2）：15-33.

张启迪，2018.香港联系汇率制度面临的挑战［J］.金融市场研究（6）：19-32.

张森根，2017.委内瑞拉：奄奄一息的民粹主义［J］.文化学刊（12）：17-23.

张世贤，2000.略论品牌国际竞争力的提高［J］.南开管理评论（1）：20-23.

张燚, 刘进平, 张锐, 等, 2016. 中国人国货意识淡漠的影响因素模型及其引导策略: 基于扎根理论的探索性研究 [J]. 兰州学刊 (5): 181-195.

昭东, 2022. 俄乌战争促使德更改国防政策 [N]. 环球时报, 02-28 (2).

HOMBERT J, MATRAY A, 2018. Can innovation help US manufacturing firms escape import competition from China? [J]. The Journal of Finance, 73 (5): 2003-2039.

RICHMOND R J, 2019. Trade network centrality and currency risk premia [J]. The Journal of Finance, 74 (3): 1315-1361.

STEIN J C, SUNDERAM A, 2018. The fed, the bond market, and gradualism in monetary policy [J]. The Journal of Finance, 73 (3): 1015-1060.

致　谢

本书得以出版，首先要感谢湖南师范大学将本书立项为"2021年校级规划教材"，感谢湖南师范大学商学院对本书写作工作提供了慷慨的支持。其次要感谢湖南师范大学商学院院长李军教授和教育部高等学校金融类专业教学指导委员会委员欧阳资生教授，从本书写作伊始就一直给予的莫大支持和专业指导。

2019年下学期湖南师范大学将"生活中的经济学"开设为面向全校学生的通识教育课程。每个学期刚一开通选课系统，该课程就被学生"抢选一空"。同时，为进一步深化教育教学改革，发挥多学科综合育人优势，引导学生在实践中解决问题、在科研中协作创新，不断完善学生知识结构，提升创新思维能力，促进其全面发展，2021年下学期，湖南师范大学又开设了"经济学分析方法与思维训练"项目制课程。在这两门课程的讲授过程中，课程团队的老师们坚持以学生为中心，以因材施教为原则，根据学生的兴趣爱好和特长优势，利用微信公众号、名家讲座、学术论坛、学生小组讨论、经济热点辩论、学生成果汇报等形式进行启发式教学，利用跨学科交叉的优势，开展了广泛的交流与讨论。在这个过程中，来自不同专业背景的学生交流，让团队得到了很多启发，也收集到了很多有意思的案例素材，学生们的创新思想不仅丰富了我们的课堂，而且为本书"内容众筹"的案例提供了诸多贴近生活的素材。感谢学生们让我们体会到了"教学相长"最美的样子。

作为本书的作者，在过去几年里，我们课程老师经常一同开会讨论，商讨斟酌课程案例内容及讲授方式，为本书的撰写奠定了扎实的基础。还有许多学生与我们分享了大量的信息和观点，由于人数众多，恕不一一道谢。以下几位值得特别提出感谢：湖南师范大学硕士研究生宾榕华、童烨子、王文玉、曾琦、黄荟、汪珺、胡嘉琪、段子聪、陈涛、杨梦莲，湖南师范大学世承班本科生肖文娜、周泽程，湖南师范大学项目制课程班和通识教育课程班的本科生刘香雨、刘溪琪、曾楠、童国晗、龚子嫣、张梓茹、黄姚、韩旭东、朱奕灵、王梓鸣、易韬、姜欣、吴秋子、李敏、阙庆琳、檀璇、葛美萱、吴瑶、易承霖、李亚、吴雅琼、杨莎莎、曾芷君、姚语、杨涵等。